Himmelszeichen

Mein Begleiter durch das Kirchenjahr

Redaktionsteam:
Dr. Urte Bejick, Abteilung Seelsorge, Zentrum für Seelsorge, Karlsruhe
Johannes Bröckel, Stuttgart
Bärbel Danner, Mariaberg e.V.
Iris Ebensperger, Dienste für Menschen, Esslingen a.N.
Johannes Ehrismann, Die Zieglerschen, Wilhelmsdorf
Gabriele Ehrmann, Diakoniepfarramt Stuttgart
Lena Fritz-Hopfe, Pfarrerin, Vaihingen/Enz
Margherita Lo Tito, Diakonisches Werk Württemberg, Stuttgart
Stephanie Hecke, Evangelische Gesellschaft, Stuttgart
Anja Praun, Diakonisches Werk Württemberg, Stuttgart
Matthias Riemenschneider, Diakonisches Werk Württemberg, Stuttgart
Projektleitung: Claudia Krüger, Diakonisches Werk Württemberg, Stuttgart
Endredaktion und Lektorat: Ina Hochreuther, Stuttgart
Gestaltung: INKA satz & grafik, Rolf Kappler, Rudersberg
Produktion: Verlagsservice Bernd Friedrich, Stuttgart

Zum Gebrauch dieses Buchs

Unser „Farbleitsystem“ verweist auf den (Doppel-)Seiten oben rechts auf die jeweilige liturgische Farbe im Kirchenjahr – nach den Gepflogenheiten der Evangelischen Landeskirche in Württemberg. Die frei gewählten Farbecken unten links zeigen – ebenfalls zur besseren Orientierung, in welchem der drei großen Festkreise wir uns befinden.

Herausgegeben vom Diakonischen Werk Württemberg
Heilbronner Straße 180, 70191 Stuttgart

Augustenstraße 124, 70197 Stuttgart, Telefon 0711 601000,
Fax 0711 6010076, www.verlag-eva.de

ISBN 978-3-948882-30-3

Vorwort

**Liebe Mitarbeitende in Kirche und Diakonie,
liebe Leserinnen und Leser!**

An den Wegkreuzungen unseres Lebens fragen wir uns, wie wir uns entscheiden sollen, wem wir vertrauen können und wer uns hält und tröstet, zurechtweist, ermutigt und uns zur Seite bleibt, auch über unser Leben hinaus. Und viele von uns sehnen sich dabei nach einem Zeichen des Himmels.

Die schönste Antwort auf unsere Fragen gibt die Bibel in den Worten Jesu: „Siehe, ich bin bei euch alle Tage bis ans Ende der Welt". Dieses wunderbare „Siehe!" finden wir sozusagen als Zeichen oder Fingerzeig des Himmels durch alle biblischen Bücher hindurch. Angefangen beim Staunen über die Schönheit der Schöpfung: „Siehe, es war sehr gut!" – bis hin zum Seher Johannes, der bereits den neuen Himmel und die neue Erde ohne Leid und ohne Tränen voraussieht. Dazwischen finden sich zahlreiche Himmelszeichen Gottes: „Siehe, ich habe dir geboten, dass du getrost und unverzagt seist, darum fürchte dich nicht, ich bin bei dir in allem, was du tun wirst." Worte und Zeichen gibt es sogar von den himmlischen Boten, den Engeln: „Siehe, ich verkündige euch große Freude ... und das habt zum Zeichen: Ihr werdet finden das Kind in Windeln gewickelt und in einer Krippe liegen!" „Seht die Vögel unter

dem Himmel an: Sie säen nicht, sie ernten nicht, sie sammeln nicht in die Scheunen; und euer himmlischer Vater ernährt sie doch." Oder auch Maria: Sie sieht unter Tränen die Engel am Grab Jesu und erkennt bald darauf den Auferstandenen, der ihr begegnet.
Dieses göttliche „Siehe" begleitet uns durch das ganze Kirchenjahr mit seinen Festzeiten hindurch. Unser Buch „Himmelszeichen" soll Menschen vertraut machen mit der Bedeutung der Feste und uns alle wieder erinnern an die wunderbaren Geschichten des alten und neuen Testaments.
Die Begehung des Kirchenjahres kann Menschen helfen, ihr Leben zu strukturieren, ihm Trauerzeiten zu gönnen und Glanzlichter aufzusetzen. Bei manchen Menschen weckt es Erinnerungen, die zum Austausch anregen.
Vor allem aber möchten uns die „Himmelszeichen", wie es der Untertitel verspricht, durch das Kirchenjahr begleiten mit Geschichten, Gedanken, Erfahrungen, Gedichten und Bildern, die ein tiefes Vertrauen heutiger Menschen widerspiegeln und auf faszinierende Weise zeigen: Siehe, die Geistkraft Gottes wirkt weiterhin kraftvoll hinein mitten in unser aller Leben! In dieser Zeit und für alle Zeit.

Gemeinsam durch das Kirchenjahr

Die Feste im Kirchenjahr sind wie „Himmelszeichen", die uns im Alltag des Lebens neue Horizonte aufzeigen und uns begleiten in frohen, leichten und in schweren Zeiten. Zeichen des Himmels finden wir in der Bibel: ein Leuchten am Himmel, einen Stern, der uns leitet, einen Engel am Grab, der den neuen Weg weist. Den verdunkelten Himmel über dem Kreuz, den Windhauch des Geistes oder den Regenbogen nach der Sintflut, der von der ewigen Treue Gottes erzählt.
„Himmelszeichen" begleiten durch alle Festzeiten im Kirchenjahr. Solche Festzeiten haben gerade in diakonischen Einrichtungen für viele Menschen eine besondere Bedeutung. Die thematische Vielfalt des Jahreskreises, der die Fülle menschlicher Erfahrungen widerspiegelt, wird in diesem Buch ebenso sichtbar wie erlebbar gemacht und lädt dazu ein, die Zeiten des Kirchenjahres bewusst zu erleben und quirlig fantasievoll oder klassisch feierlich miteinander zu gestalten.
Geschichten, Symbole und Botschaften des Kirchenjahres mögen in diesem Buch auch Menschen zugänglich werden, die der kirchlichen Tradition ferner stehen oder durch andere Religionen geprägt sind. Die Textauswahl orientiert sich an Alltagssituationen, existenziellen Bezügen und den Fragestellungen: Was trägt mich? Was wirkt heilend auf mich? Was macht wieder Mut, wenn ich mich auf Texte, Bilder und Gedanken zum Kirchenjahr einlasse? Autorinnen und Autoren sind Mitarbeitende aus diakonischen Einrichtungen, Seelsorge- und Diakonieverantwortliche, Diakoninnen und Diakone, Pfarrerinnen und Pfarrer aus diakonischen Einrichtungen oder aus der Gemeinde und andere Menschen, die sich mit Begeisterung am Buchprojekt mit ihrem Glauben und ihren Erfahrungen beteiligt haben.

Neben kurzen, leicht verständlichen Einleitungen zum jeweiligen Fest veranschaulichen passende Bilder deren Bedeutung. Bunte Textsammlungen vertiefen den Sinn, regen zum Gespräch an, machen nachdenklich oder möchten einfach erfreuen. Berichte aus diakonischen Einrichtungen von ganz unterschiedlichen Menschen lassen uns teilhaben an deren Glauben und an ihrer Erfahrung, wie sie Festzeiten gefeiert und erlebt haben.

„Himmelszeichen – Mein Begleiter durch das Kirchenjahr" möchte haupt- und ehrenamtlich Mitarbeitende in Diakonie und Kirche sprachfähig machen und dazu anregen, das Kirchenjahr bewusst und ideenreich zu gestalten. Es bietet Impulse für Andachten und soll vielen Menschen Freude bereiten beim Lesen oder Vorlesen, beim Diskutieren und beim Betrachten der Bilder. Es möchte mit den Erfahrungsberichten auch an eigene Erkenntnisse anknüpfen und zum lebhaften Austausch sowie zum Erzählen motivieren.

Auf der Internetplattform www.seelsorge-im-alter.de werden parallel zum Buch Texte, Impulse, Ideen für die Praxis eingestellt und zugänglich gemacht, die im kreativen Umgang mit dem Buch entstehen. Beteiligen Sie sich dabei, wir freuen uns darauf!

Ihre

Oberkirchenrätin Prof. Dr. Annette Noller
Vorstandsvorsitzende des Diakonischen Werks Württemberg

Inhaltsverzeichnis

Weihnachtsfestkreis

Zum Weihnachtsfestkreis

Unser Kirchenjahr gliedert sich in drei große Festkreise und es beginnt mit dem Weihnachtsfestkreis. Dieser erstreckt sich von Advent über das Christfest bis hin zum Erscheinungsfest und den Sonntagen danach, die davon erzählen, dass Gott sein Licht nie mehr aus der Welt nimmt. Der Weihnachtsfestkreis beginnt mit einer großen Sehnsucht, mit Träumen und dem Warten auf den, der Heilendes und göttliche Liebe in unsere Welt bringt.
Die Zeit der Erwartung ist verbunden mit Innehalten und Besinnung, aber auch mit Vorfreude und ersten Lichtern. An Weihnachten selbst erstrahlt ein unbeschreiblicher Glanz über der Welt, begleitet vom Gesang der Engel, die uns Freude und Frieden auf Erden verkünden. Sie singen ihre Botschaft allen Sehnsüchtigen zu, zuerst aber den Ärmsten der damaligen Zeit und aller Zeiten.
Gott kommt in die Welt als Kind, verletzlich, menschlich wie wir. Weise folgen seinem Stern. Sie finden das Kind und beten es an. Doch bald schon muss sich die kleine Familie auf die Flucht begeben. Mit dem Kind ist noch nicht das Ende alles Leids gekommen, doch ist mit ihm eine Zeitenwende angebrochen, an deren Ende einmal die göttliche Liebe alles umfasst.

Claudia Krüger

Prost Neu Kirchenjahr!

In meiner Vikariatsgemeinde habe ich das neue Kirchenjahr bewusst mit den Konfirmandinnen gefeiert. Alle Konfirmanden schrieben ein Grußwort für einen kleinen alkoholfreien Sektempfang, in dem sie der Kirche ihre Wünsche fürs neue Jahr aussprachen: „Liebe Kirche, mögen viele junge Menschen sich einbringen." „Liebe Kirche, ich wünsche Dir, dass viele Spenden für bedürftige Menschen zusammenkommen."
Was für die Konfirmandinnen ein Highlight in ihrem Konfirmationsjahr war, kann natürlich auch in vielen anderen Gruppen Ihrer Gemeinde oder Einrichtung umgesetzt werden. Grußworte an die Einrichtung oder die Gemeinde können einzeln verfasst und dann gemeinsam geteilt werden. Oder Sie hängen ein Plakat in den Eingangsbereich Ihrer Kirche: „Das wünsche ich meiner Gemeinde fürs neue Kirchenjahr." Oder Sie stellen sich auf den Marktplatz mit dem Impuls: „Das wünsche ich meinem Stadtbezirk ..." und kommen mit Menschen ins Gespräch. Viel Spaß – und ein frohes neues Kirchenjahr!

Astrid Edel

Advent

Advent – Ankunft – Zeit der Stille und des Bewusstwerdens

Was wäre, wenn wir das Weihnachtsfest schon am 1. Advent feiern würden? Und was wäre, wenn die Adventszeit dadurch einfach wegfallen würde? Spätestens an solchen Fragen merken wir, wie sehr wir die Adventszeit mit ihren Bräuchen und Ritualen brauchen: das Anzünden der Kerzen am Adventskranz, das Öffnen der Türchen am Adventskalender, das Backen der Plätzchen und Lebkuchen. Die Adventszeit ist eine Zeit des Wartens, eine dunkle, stille Zeit. Sie lädt ein, über wesentliche Lebensfragen nachzudenken: Worauf warte ich? Wonach sehne ich mich? Was fehlt mir? Wo ist es in meinem Leben dunkel? Was bringt ein Licht oder ein Leuchten in mein Leben? Auf dem Hintergrund dieser und ähnlicher Fragen sind wir eingeladen, die Visionen der Propheten vom Kommen Gottes neu zu verstehen: Wenn Gott kommt, wird es hell, und das Volk, das im Finstern wandelt, sieht ein großes Licht. Wenn Gott kommt, wird die Wüste erblühen.

Bärbel Danner

Lausche auf das leise Wort

Lausche
auf das leise Wort
Achte
auf das kleine Zeichen
Hoffe
auf das unverhofft
Schöne
Lebe
in Erwartung
des Kommenden
und sei gewiss:
was dir entgegen kommt
ist Segen dessen
der seine
Menschen liebt

Sven Quittkat

Zuggeschichte im Advent

Ich fahre viel mit dem Zug und oft lange Strecken. An einem Freitag vor einem ersten Advent bin ich auf dem Weg von Hamburg nach Sylt. Es ist schmuddelig-nasskalt, ein scharfer Wind weht – typisches „Hamburger Schietwetter". So steige ich in Altona in den Zug ohne nennenswert adventliche Stimmung.
Ein ausrangierter alter Zug, Geschwindigkeit und Ankunft unbekannt und die Ansage: Es gibt keine funktionierende Toilette an Bord. Bis nach Sylt sind es immerhin schon unter normalen Umständen gut drei Stunden Fahrt mit 300 Kilometern Strecke. Samt mir fünf alte Damen im Abteil, echte Damen: Wasserwelle, Perlenkette, Ohrringe, hanseatisch, so um die Neunzig.
Kaum hat die Schaffnerin ihre Durchsage beendet, macht sie sich ans Werk: „Die Fahrkarten bitte!", stößt auf die betagten Damen und reagiert – unerwartet – menschlich: „Also eins ist klar, bis nach Westerland schaffen Sie das nicht ohne Toilette. Einen kleinen Moment, ich klär' das."
Nach kürzester Zeit kommt sie mit der erleichternden Nachricht zurück: Der Zug mache in Itzehoe eine – ich zitiere – „Pipipause". Jede, die zum Klo gehe, solle sich bei ihr abmelden, sie würde aufpassen, der Zug führe erst weiter, wenn sich alle wieder eingefunden haben.
Ich bin hellwach und weiß sofort, das wird eine der schönsten Zuggeschichten, die ich je erlebt habe. Für so viel Menschlichkeit nehme ich gerne ein bis zwei Stunden Verspätung im Kauf. Es werden drei.
Im Nachbarabteil quietscht ein Kleinkind in unerträglicher Frequenz. Eine der Damen – man achte auf die Perspektive, sie schimpft und meckert nicht – stellt fest, dass sie solch einem Geräuschpegel nicht mehr gewachsen sei, sie werde wohl doch

langsam alt. Sodann fasst sie sich an die Ohren, ihre hellblauen Augen funkeln listig: „Sollen wir?“ – Eins, zwei, drei: Auf Kommando pulen alle an ihren Ohren. Fünf paar Hörgeräte liegen nun auf dem Tisch. Absolut filmreif die Szene, besser als Kino. Die „Pipipause“ allerdings müsse jetzt nach Heide verlegt werden, ertönt es nach einiger Zeit aus dem Lautsprecher, die Hörgeräte sind wieder im Ohr. In Itzehoe seien über Nacht alle Toiletten zerstört worden, Vandalismus. Die Damen zucken mit den Schultern. Sie scheinen sich ihrem Schicksal zu ergeben. Nun finden sie es aber an der Zeit, mich wissen zu lassen, wer sie sind, sie sind ja höflich: „Ach, wir haben uns Ihnen ja noch gar nicht vorgestellt. Sie sollen doch wissen, mit welchen alten Schachteln Sie hier reisen. Denken Sie nur, wir treffen uns immer noch zum Klassentreffen, jedes Jahr zum 1. Advent. Und dann erzählen wir uns, was wir das ganze Jahr über erlebt haben und zünden gemeinsam die erste Kerze an. Wir sind ja alle inzwischen verwitwet und allein. Meine Freundin, dort mit dem rosafarbenen Blazer, hat sich heute Morgen aus dem Altenheim bringen lassen.

Mit dem Heimbus, wissen Sie? Und ich hab‘ mir heute ein Taxi genommen. Bis letztes Jahr bin ich immer noch mit der U-Bahn zum Bahnhof gefahren. Aber so ist das halt, wenn man alt wird. Es leben auch nicht mehr alle, wir sind ja schon neunzig. Und die Zwillinge, Agathe und Frieda heißen sie, eineiige Zwillinge, können gar nicht mehr kommen. Aber ihre Nichte hat mir heute Morgen noch eine Mail geschrieben und hat von ihnen gegrüßt. Ich hab‘ ja so ein iPhone, da kann ich die Mails unterwegs abrufen. Und zwei von unserer Truppe sind dement. Die haben dann ja nichts mehr davon. Stellen Sie sich mal vor, Sie wissen nicht mehr, wie alt sie sind, und sitzen zwischen lauter alten Leuten, die behaupten, sie seien mit ihnen zur Schule gegangen. Das wollen wir ihnen nicht zumuten." – Auch hier achte man unbedingt auf die Perspektive: Nicht die dementen Freundinnen fallen ihnen zur Last, sondern sie könnten sie verwirren.
Jetzt nicken alle ein wenig, dann kramt eine einen Zeitungsartikel aus ihrer Handtasche: „Den wollte ich euch unbedingt zeigen." „Die älteste Hamburgerin ist 111 Jahre alt.", ist da zu lesen. Sie haben also noch gut zwanzig Klassentreffen vor sich.
Sie bieten mir von ihren Keksen an und mir wird adventlich zumute. So möchte ich alt werden, denke ich: Unbeirrbarer Blick nach vorne bei vollem Bewusstsein der Endlichkeit. In der mit neunzig Jahren greifbaren Endlichkeit so tun, als ob man noch alle Zeit der Welt hat.

Helke Ricker

Nikolaustag, 6. Dezember

Ein heiliger Querkopf

Zu einem Schokoladenheiligen ist er geworden, der Nikolaus: Weißbärtig, in seinen roten Weihnachtsmantel gehüllt, steht er in den Regalen. Oder mit Sack und Rute bewehrt befragt er Kinder, ob sie im vergangenen Jahr auch schön artig waren. Dabei gab es ihn wirklich. Er war Bischof in Myra, einer kleinen Stadt in der heutigen Türkei. Er lebte vor rund 1700 Jahren und hatte eine „Schwäche" für Arme und Benachteiligte.
Eine der bekanntesten Geschichten von ihm erzählt, wie die gesamte Kornernte durch Unwetter zerstört war. Der Winter brach ein und die Bevölkerung hungerte. Da landeten einige kaiserliche Schiffe im Hafen von Myra, voll mit Weizen beladen. Nikolaus bat die Händler, den Hungernden etwas Korn abzugeben. Doch die lehnten ab: Die Ladung sei für den Kaiser bestimmt und genau bemessen. Da dürfe kein Gramm fehlen. Schließlich ließen sich die Kaufleute auf die Bitten des Bischofs ein. Als die Schiffsladung im kaiserlichen Hafen abgewogen wurde, fehlte offenbar nichts. Den Hungernden von Myra aber half die Weizenspende über den Winter und reichte sogar noch für die Aussaat im nächsten Jahr.
Man kann den wundersamen Zug der Legende so deuten, dass die Menge der Weizenladung so gewaltig war, dass es auf einige Zentner hin oder her nicht wirklich ankam. Nikolaus wusste, dass es für alle reicht, wenn einer mehr als genug hat. Ein heiliger Querkopf, der echte Nikolaus.

Thomas Mäule

Ich muss noch üben

Ich war aus dem Kaufhaus gekommen, draußen Schneeregen. Da saß er, hatte eine längst nasse Decke unter sich gebreitet, saß da und spielte auf einer einfachen Blockflöte. So wie Kinder spielen. Nicht solche, die Preise gewinnen.
Saß er da in der Fußgängerzone der Stadt und spielte Weihnachtslieder. Vor sich eine ganze Reihe von Papierschiffchen und Papierfliegern. Sie kennen das. Das, was Kinder basteln und aus dem Fenster werfen oder im Bach schwimmen lassen. Saß da.
30 Cent das Stück. Längst aufgeweicht. Im Schneeregen schwammen die Schiffe und taumelten die Papierflieger. 30 Cent für ein Papierschiffchen. Saß er da und spielte Weihnachtslieder.
Gegenüber, auf der anderen Seite neben dem Stand für Maronis, ließ sich ein Nikolaus fotografieren. Sie wissen schon, so einer

in Rot mit weißem Bart. Und neben dran einer mit einer Sofortbildkamera. Das zieht die Kinder an.
Ein kleines Kontrastprogramm. Aber irgendwie beide eigentlich arme Tröpfe. In der Mannheimer Nässe. Schlechte Zeit für Nikoläuse und andere arme Schlucker.
Kein amputiertes Bein. Kein Betteln. Nur die Flöte und die längst aufgeweichten Schiffchen und Flieger. Und drüben im Schneeregen der Nikolaus.
Manchmal mische ich mich ein in Lebensläufe. Mit zwei Euro, oder mit einem Gebet.
Der Schnee war in Regen übergegangen. Regenschirme aufgespannt. Hut und Schirm tief im Gesicht. Erst recht kein Blick mehr für den Flötenspieler und Papierschiffchenbauer. Kein Bedarf für Nikolaus-Bilder.
Der Flötenspieler packte zusammen. Da war dann doch dieser kurze Augenblick: „Sind Sie zufrieden mit heute? Haben Sie genug eingenommen?“, frage ich.
„Genug eingenommen?“ sagt er. Er räumt zusammen. Die Flöte, die aufgeweichten Schiffe und Flieger, seine Decke. „Haben Sie genug eingenommen?“, frage ich noch einmal. Er meint: „Ich muss noch üben.“
Packt zusammen, die letzten Papierschiffchen schwimmen weg. Die Decke tropft. Kein Mensch mehr da. Auch der Nikolaus gegenüber hat aufgesteckt.
„Ich muss noch üben“ – hat er gesagt.
Bei allen Engeln, Hirten und Königen: Warum lässt mich dieser Satz des Flötenspielers nicht mehr in Ruhe: „Ich muss noch üben.“
„Ich muss noch üben“ hatte er gesagt. Und bei meinem Weggehen hinzugefügt: „Aber das passt schon.“

Gerhard Engelsberger

Fest der Heiligen Lucia, 13. Dezember

Ich heiße Lucia

In meinem Land, auf Sizilien, scheint die Sonne oft und es ist sehr warm. Dort habe ich vor vielen hundert Jahren gelebt. Ich heiße Lucia – die Lichte, das Licht. Am 13. Dezember, dem Tag, an dem ich gestorben bin, denken Menschen auf der ganzen Welt an mich, besonders im Norden, in Schweden, wo es im Winter sehr, sehr lang dunkel ist. Ich erinnere die Menschen daran, wie in der Mitte der Nacht die Sonne wieder aufzusteigen beginnt, sobald sie ihren tiefsten Punkt erst einmal überschritten hat. Dann wird es bald wieder hell. Ein neuer Morgen beginnt. Jetzt will ich aber erklären, warum ausgerechnet ich die Menschen an das aufgehende Licht erinnern darf. Ich habe, wie gesagt, im hellen und lichten Sizilien gelebt. Aber mein Leben war alles andere als hell und licht. Es war damals die Zeit, als wir Christen verfolgt wurden. Wer beim Beten erwischt wurde, den haben sie eingesperrt oder getötet. Deshalb wurden bei uns zum Gottesdienst keine Kirchenglocken geläutet – eine Kirche gab es bei uns sowieso noch nicht – sondern wir trafen uns heimlich in einem Hinterhof oder im Wald oder in einer Höhle. Ich kannte das gar nicht anders.
Tief in meinem Innern fühlte ich, dass mein Weg ein anderer war, als zu heiraten, Kinder in die Welt zu setzen und Dinge zu besitzen, wie es so üblich ist. Und irgendwie wusste ich, dass Gott mit mir gehen und meinen Weg hell machen würde. Dieser Weg führte mich zu vielen armen Christenleuten, die versteckt lebten. Bei Nacht habe ich mich heimlich in ihre Verstecke geschlichen, um ihnen frische Kleider und etwas zu Essen zu bringen. Weil ich zum Tragen beide Hände brauchte, konnte ich

nicht auch noch eine Kerze halten. Um mich trotzdem bei Nacht zurechtzufinden, habe ich mir einen Kranz um den Kopf gebunden und brennende Kerzen darauf gesteckt. Könnt ihr euch vorstellen, wie das ausgesehen haben muss? Vielleicht, wie wenn ich einen eurer Adventskränze auf dem Kopf getragen hätte! Die versteckten Christen empfanden mich wie eine Lichtkönigin und schöpften wieder Hoffnung, wenn sie in der Nacht meine Kerzenkrone leuchten sahen.

Thomas Koser-Fischer

Thomastag, 21. Dezember

Der 21. Dezember, der kürzeste Tag des Jahres, ist dem Apostel Thomas gewidmet. Das Johannes-Evangelium (Johannes 20,24-29) berichtet, dass Thomas den anderen Jüngerinnen und Jüngern nicht glaubte, dass Jesus auferstanden sei, wenn er nicht selbst dessen Wunden sehen und betasten könne. Daraufhin erscheint Jesus, erlaubt ihm dies und tadelt ihn sanft. Glauben ohne zu sehen – auf volles Risiko – daran erinnert der Thomastag. Er ehrt aber auch einen skeptischen, kritischen Glauben, zu dessen Echtheit immer auch Zweifel gehören.

Urte Bejick

Ein Festtag für den Zweifel

Ein Tag zu preisen:
Das früh hereinbrechende Dunkel, das die Menschen umarmt,
die einsam in den Cafés sitzen,
wie das Licht sie vergoldet!
Ein Tag endlich zu preisen:
Den Nebel, wie er vom Wald herabfließt, die Farbe Grau,
den Rabengesang.
Es muss doch einen Dank geben
für Dämmerung, Halbschatten, Zwielicht.
Ein Tag selig zu preisen:
Die Zweifelnden, wie sie tappen nach der Wahrheit, sich stoßen.
Es muss doch eine Zuflucht geben:
für die, die bloßen Worten nicht trauen, nicht der Gewissheit,
die Leben tasten, fühlen wollen, an seinen Wundrändern rühren.
Es muss doch noch einen Tag geben für einen Tag wie diesen,
einen Tag zu preisen:
das Zwielicht,
den Zweifel
des Glaubens liebstes Kind.

Urte Bejick

O Tannenbaum!

Gedenktag für Adam und Eva, 24. Dezember

Der „Weihnachtsbaum“ gilt als typisch deutscher Weihnachtsbrauch. Natürlich kann man Weihnachten auch unter Palmen feiern – aber so richtig stilvoll kann es doch nur mit Nadelbaum sein. Stand im Paradies eine Nordmanntanne oder Fichte? Bevor der 24. Dezember endgültig zum „Heiligen Abend“, zur „Heiligen Nacht“ wurde, war er Gedenktag für Adam und Eva. Dazu gehörte ein geschmückter Baum, in nördlichen Breiten demnach ein wintergrüner Nadelbaum. Er wurde mit Tierfiguren aus dem Paradies, auch mit Adam und Eva behängt. Insofern ist auch eine geschmückte Palme oder ein Kirschlorbeer durchaus metaphorisch korrekt.

Urte Bejick

Weihnachten

Das adventliche Warten hat ein Ende: Es ist Weihnachten. Die Weihnachtszeit reicht vom Heiligen Abend bis zum ersten Sonntag nach dem Christfest. Gott schenkt sich selbst: In einem kleinen, schutzlosen Baby kommt er in die Welt. Im Krippenspiel wird die Geschichte vom Jesus-Kind, das in Windeln gewickelt in der Krippe liegt, alle Jahre wieder neu erzählt.
Es ist ein Fest mit vielen Traditionen. Gerade an den Tagen vom 24. bis 26. Dezember feiern Menschen auf der ganzen Welt Heiligabend und das Christfest. Vielerorts sind es Tage voller gutem Essen, Dekoration wie einem Weihnachtsbaum, Geschenken und Besuchen.
An den Weihnachtsfeiertagen gibt es viele Gottesdienste. An Heiligabend, dem 24. Dezember, finden Familiengottesdienste mit Krippenspiel, abendliche Christvesper und nächtliche Christmetten statt. Es ist eine alte Tradition, bereits am Vorabend eines Festes, sobald die Sonne untergegangen ist, den Feiertag zu beginnen.

Lena Fritz-Hopfe

Engel in Zivil

An Weihnachten schickt Gott seine Engel auf die Erde. Sie verkünden die frohe Botschaft: Fürchte dich nicht! Gott kommt als Mensch auf die Welt, um dir nah zu sein!
Selten tragen Engel weiße Gewänder. Manche haben ein Tattoo im Nacken. Andere sind zivil unterwegs. Sie können wunderbar zuhören, mit anpacken, sind im richtigen Moment am richtigen Ort. Wir Menschen können füreinander Engel sein. Indem wir einander wahrnehmen, füreinander sorgen, offen sind für Begegnungen. Dann werden plötzlich Engel um uns herum sichtbar. Licht inmitten von Dunkelheit. Es wird Weihnachten![1]

Stephanie Hecke

„Gott wohnt, wo man ihn einlässt."[2]

Hier will ich wohnen

sagt Gott
Sitzt
im Wohnzimmer der Familie
die beim Weihnachtsessen streitet
Hört
auf den einsamen Mann
der von früheren Weihnachtsfesten erzählt
Streicht
über das schmerzverzerrte Gesicht der Frau
die kurz vor Weihnachten operiert wurde
Spielt
mit dem jugendlichen Straftäter Playstation
der gerne an Weihnachten zu Hause wäre
Hier will ich wohnen
sagt Gott
und kommt

Gottfried Heinzmann

Ein Trost in der Nacht

„Und es waren Hirten in derselben Gegend auf dem Felde bei den Hürden, die hüteten des Nachts ihre Herde. Und der Engel des Herrn trat zu ihnen, und die Klarheit des Herrn leuchtete um sie; und sie fürchteten sich sehr. Und der Engel sprach zu ihnen: Fürchtet euch nicht!“ (Lukas 2,8-10)

Wenn Arbeit ein Trost ist, dann geht es den Hirten prächtig. Bei Tagesanbruch bereits auf den Beinen, die Schafe müssen getränkt und auf die Weide geführt werden, der Zaun müsste auch mal wieder geflickt werden. Eine kurze Rast am Feuer, dann folgt die Nacht mit unruhigem Schlaf, immer wachsam, denn es könnte ein Wolf kommen.

Natürlich kann man sich ein besseres Leben vorstellen, aber die gleichförmige, harte Arbeit gibt Halt. Doch wenn man nicht schlafen kann, ja, da denkt man, ganz allein und ohne rechten

Trost in der Nacht, es müsste irgendwie doch etwas anderes geben, ein Zeichen vom Himmel vielleicht. Welch ein Schreck, wenn der Himmel dann solche heimlichen Gebete erhört!
Glanz bricht aus der Nacht – und die Hirten, die keinen Wolf, keinen wütenden Bären scheuen, fürchten sich.
Freude und Tröstung versprechen die Engel – den Schreck muss man erst mal verkraften.
Wenn das Ganze dann, man hat es ja irgendwie insgeheim geahnt, nicht wieder so zweideutig wäre. Ein Kind in Windeln soll das Zeichen des Trostes sein.
Aber dieses Licht, das da aus dem Himmel bricht, hört nicht auf zu fließen und die Engel geben keine Ruhe, sprechen ganz neue Worte, die man im Hirtenalltag nicht kennt: Ehre, Friede, Wohlgefallen.
Und so machen sich die Hirten dann auf zum Stall. Und wie sie so atemlos laufen, dass ihnen fast die Luft und die Gedanken ausgehen, als sie merken, dass sie ja ganz leere Hände haben, tritt plötzlich der Trost ein.
Der windschiefe Stall sieht doch wahrhaftig wie ein Heiligtum aus. Die Frau im billigen Kleid glänzt vor Freude wie eine Heilige, so dass der Glanz auf den Mann fällt, der verlegen im Hintergrund steht.
Und das Kind erst! Der harte Himmel hat eine Wunde, aus der unaufhörlich das Licht fließt.
Die Hirten müssen zurück zu ihren Schafen. Auch die himmlischen Heerscharen packen ihre Instrumente ein.
„Das war also der Himmel," resümiert der Oberhirte, als alle wieder am Feuer sitzen. „Dieses Atmen der Schafe im Schlaf hat etwas ungemein Tröstliches, findet ihr nicht auch?"
Aber natürlich bleibt es in den nächsten Tagen weiter kalt, der Zaun hat ein Loch, und dieses Schaf sieht gar nicht gut aus, wenn das bloß nicht die Räude hat.

Aber ab und zu öffnet man abends den Weinschlauch und singt das Hirtenlied. „Wisst ihr noch, wie der Himmel auf die Erde kam und war ein kleines Kind", erzählen sie sich immer wieder. „Glaubst du, dass alle Menschen und Tiere, dass auch die Toten nicht verloren sind?", fragt schüchtern der Hüteknabe, „Ja sicher", knurrt der Oberhirte, „und dass die Reichen nicht oben und wir arme Hirten ewig hier unten bleiben, das ist mir auch eingefallen, damals, als wir das Kind sahen."
Und immer wieder erzählen sie das, der Frau, die immer die Käse abholt, ja, auch dem Herdenbesitzer, der das nicht recht glaubt.
Der Hüteknabe erzählt es später seinen Enkeln, und die Enkel ihren Enkelinnen und Enkeln, und wird erzählt bis zum heutigen Tag:
dass einmal der Himmel aufreißen kann und man sich wunderbar getröstet fühlt, und wenn man ganz genau hinschaut, ganz genau, sieht man ein bisschen Glanz in einem anderen Gesicht.

Urte Bejick

Wo haben Sie das Gotteskind versteckt?

Traumatisch die Vorstellung: Alle stehen sie da am Weihnachtsabend: Mutter, Vater, Hirten, Könige, Ochs und Esel – und starren in die leere Krippe. Wo haben Sie das Gotteskind hingesteckt? Ich selber werde schon unruhig vor Totensonntag. Würde am liebsten bereits im Herbst aufbauen: Krippe, Weihnachtspyramide, Sternsinger. Von mir aus könnte das Jahr sechs Advente haben. Haben Sie das Gotteskind auch so versteckt wie ich? Hinter Symbolen, Träumen, Kindheitserinnerungen? Stille Nacht und Pfeffernüsse, Baum, Glocken und Weihnachtsmarkt können uns ganz schön den Blick verbauen auf das Kind.
Das Kind in der Krippe sagt als Erwachsener: „Was ihr getan habt einem unter meinen geringsten Brüdern, das habt ihr mir getan." So also ist das: In der Mitte des Stalles steht mal ein Mensch auf Arbeitssuche, mal eine Familie auf der Flucht, mal ein zur Prostitution gezwungenes Mädchen. So einfach ist das. So schwierig und sperrig ist das. Weil ich mir ja nicht das bisschen Weihnachtsbesinnlichkeit kaputtmachen lassen will, was sich über die Adventshektik hinübergerettet hat.
Freuen Sie sich über Kerzen, über Sterne und Kinder, über die Krippe, über Glocken und Lichterketten. Freuen Sie sich über alles. Aber vergessen Sie nicht den Christus. Ihm galten einmal all die Symbole. Wer sie nicht mehr auf ihn hindeuten kann, tappt bei aller Fülle des Lichts im Dunkeln. Wer das verlorene Gotteskind sucht, braucht eine gehörige Portion – Liebe.

Gerhard Engelsberger

Rede des Ochsen an die Gemeinde

In der Menschensprache als Schimpfwort dienen, im öden Menschendenken für dumm gelten. Dumm, aber nützlich und stark, weshalb sie mir als erstes meine Lebenswut, Lebenslust raubten. So ziehe ich täglich den Pflug oder drehe mit verbundenen Augen ein Rad. Mein Weg geht immer im Kreis, arbeitsam und lammfromm, für etwas Streu und ein Dach. Mein einziger Trost ist der Esel, den sie mir beigaben, geprügelt wie ich, dessen Sprache ich nicht verstehe. Wir schweigen uns durch die Nacht.
Aber heute ist meine Stunde: Ein Menschlein, der Feind, liegt zerbrechlich und hilflos vor mir. Ein Hornstoß genügte! Aber passt auf, jetzt kommt meine List: Ich blase das Kindlein, einen der euren, warm! Vielleicht lernt es von mir, vielleicht wird es später mal den Menschen erzählen, dass man Verletzung nicht mit Verletzung heimzahlen muss, sondern mit Güte. Wenn ihr es dann anbetet oder Steine aufhebt (ich kenn' euch!), sollt ihr wissen: Ich war sein Lehrer, ich hab' es das als erstes gelehrt.
Ihr nickt, so habt ihr mich gern, geduldig und stumm. Doch ihr irrt. Vielleicht werdet ihr mich einmal in Holz schnitzen oder aus Papier ausschneiden und als Figur neben eine Krippe stellen. Dann wisst: Ich stehe für die, deren Name für andere Schimpfwort ist, die als dumm verlacht werden, denen man Lebenslust und Begehren austrieb, die man schlägt, die für wenig Lohn arbeiten müssen. Für die steh ich da an der Krippe, ganz nah dem göttlichen Geheimnis. Und ich gehe nicht weg – stur wie ein Ochse.

Urte Bejick

Weihnachten in „eva's Stall"

An Weihnachten ist mir die Gemeinschaft sehr wichtig. In „eva's Stall" trifft man Menschen, mit denen man sich austauschen kann und die einen verstehen. Manchmal entstehen daraus sogar Freundschaften. Wenn man Glück hat, dann sind einem diese Menschen eine Stütze für das ganze Jahr. Man trifft auch viele Menschen aus anderen Ländern und Kulturen. Das macht Spaß. Schon Tage vor dem Weihnachtsfest geht es los. Wer will, hilft bei den Vorbereitungen. Zusammen werden Weihnachtsengel ausgeschnitten und gebastelt und der große Saal wird weihnachtlich geschmückt.

Am Weihnachtsfest ist vor allem das Essen wichtig. Es schmeckt gut, denn es wird mit frischen Zutaten gekocht. Das gibt es nicht oft. Es inspiriert mich, auch selbst wieder zu kochen. Und natürlich gibt es auch Süßigkeiten und Kaffee. Alles, was man für ein gutes Fest braucht.

Nach dem Festessen geht es in die Leonhardskirche zum Gottesdienst. Und nach dem Gottesdienst steht vor der Kirche ein Lastwagen voller Geschenke. Jeder bekommt ein Geschenk, dazu gibt es Süßigkeiten, Schals, Handschuhe und Unterwäsche. Da kommt Freude auf!

Am meisten bewegt mich an Weihnachten das Alleinsein. An den Festtagen denke ich besonders viel an mein Schicksal und an alles Schwere, was mir passiert ist. Lange war ich sehr allein und hatte kein Vertrauen mehr in die Menschen. In „eva's Stall" habe ich gemerkt: Andere fragen danach, wie es mir geht. Das hat mir gutgetan. Dann habe ich wieder angefangen, Gemeinschaft zu suchen. Ich wünsche mir Unterstützung von Gott, um Beziehungen wieder anzufangen. Wenn ich bei „eva's Stall" mit anderen zusammensitze, denke ich mir: Mach weiter. Gib nicht auf.

Du merkst: Du bist nicht allein. Kannst dich sammeln. Kannst auch anderen etwas geben. Man geht beruhigt zum Stall hin, weil man weiß, dass man morgen wiederkommen kann und nicht allein sein wird. Der Stall erinnert mich an die Gemeinschaft. Es ist der letzte Weg, wenn man ganz vereinsamt ist. Der Stall ist für viele ein Rettungsanker.
Für die Zukunft wünsche ich mir, dass die Gemeinschaft wichtiger wird. Alle sollen verstehen: Es geht in Zukunft nur miteinander. Weihnachten ist der Anfang.

Dieter Saltuari
Er hat schon acht Weihnachtsfeste in „eva's Stall" gefeiert.

Seit 1945 lädt die Evangelische Gesellschaft (eva) zur Weihnachtsfeier in „eva's Stall" ein. Hier wird gemeinsam gegessen, Gottesdienst gefeiert und Gemeinschaft erlebt. Für bis zu 1.500 einsame oder bedürftige Menschen wird „eva's Stall" kurzfristig zu einer Heimat, so wie vor über 2.000 Jahren schon ein undenkbarer Ort zur Heimat wurde: Ein Stall auf den Feldern bei Bethlehem.

Weihnachten im Diakonie-Klinikum

Am 24. Dezember ist die Stimmung im Krankenhaus anders. Vielleicht weil es ruhiger ist. Wer nach Hause kann, wird entlassen. Es finden keine geplanten Operationen statt. Um Pflegefachkräften freie Festtage zu ermöglichen, werden manche Stationen stillgelegt. Es fühlt sich anders an. Vielleicht ist meine Wahrnehmung eine andere, weil ich um die Besonderheit dieses Tages weiß. Bei meinen Besuchen bin ich noch aufmerksamer. Wie geht es wohl den Menschen, die über Weihnachten im Krankenhaus sind?

Im Diakonie-Klinikum haben wir die Tradition, dass wir Seelsorgerinnen und Seelsorger an Heiligabend alle Patientinnen und Patienten besuchen. Die Reaktionen sind – wie immer – sehr unterschiedlich. Viele freuen sich, dass wir kommen. Manchen genügt ein kurzer Austausch. Andere möchten aus ihrem Leben erzählen und warum sie hier sind.

Ein Patient erzählte mir, dass er selbstständig und alleinstehend ist. „Ich habe mich bewusst kurz vor Weihnachten operieren lassen. Denn in dieser Zeit haben die meisten meiner Kunden Urlaub. Abgesehen davon, bin ich in dieser Zeit bestens im Krankenhaus aufgehoben. Niemand fragt mich mitleidig, wie ich denn Weihnachten verbringe, so allein.“ Er mag Weihnachten nicht. Nach einem kurzen Blick auf mich, schmunzelt er. Er mag den Rummel drum herum nicht, das mit der Geburt Jesu sei schon in Ordnung. Er signalisiert mir, dass er damit gut zurechtkommt. Als ich ihn zum Weihnachtsgottesdienst in die Kapelle einlade, freut er sich. „Da gehe ich gerne hin“, sagt er.

Eine andere Patientin weint gleich, nachdem ich sie begrüßt habe. Sie erzählt: „Heute vor acht Jahren ist mein Mann im Krankenhaus gestorben. Seitdem ist Weihnachten nicht mehr das, was es einmal für mich war. Weihnachten ist immer mit der Trauer verbunden. Die Kinder sind ganz lieb und wenn ich bei ihnen bin, lasse ich mir nichts anmerken. Aber Ihnen kann ich es ja sagen." Wir reden lange über ihre Trauer und wie sie damit umgeht. Ich schenke ihr ein kleines rotes Glasherz, das für ihre Liebe zu ihrem Mann steht. „Sie müssen diese Liebe nicht loslassen", sage ich ihr. „Gott ist die Brücke der Liebe zwischen Lebenden und Toten." Wir beten. Ich segne sie. Sie lächelt. „Jetzt verstehe ich ein wenig, was ‚Friede den Menschen seines Wohlgefallens' bedeutet."

Jeder und jede hat eine andere Geschichte mit Weihnachten. Weihnachten im Krankenhaus ist eine besondere Zeit. Als würde Gott durch die Zimmer wandeln und sich ins Gedächtnis bringen. Ich habe Zeit für die Patientinnen und Patienten. Und stelle mir immer vor: Was ich höre, hört auch Gott. An Weihnachten feiern wir, dass Gott auf die Erde zu den Menschen kommt. Er kommt auch zu den Kranken, zu den Mitarbeitenden, er kommt auch zu mir.

Barbara Neudeck

Alle Jahre wieder

bist du eingeladen
zum Weihnachtsspiel
Du kannst Hirte werden
mit sonnengelb strahlendem Gesicht
voller Liebe für die Menschen
mit ungleichen Armen
und besonderen Begabungen
Du kannst König werden
mit einer goldgelb funkelnden Krone
erfüllt mit der Sehnsucht
deine Vorrechte weiterzugeben
so dass alle teilhaben am Geschenk des Lebens
Du kannst Engel werden
mit neongelb leuchtenden Haaren
unterwegs zu den Kindern
mit gebrochenen Flügeln
und verletzten Herzen
Alle Jahre wieder
bist du eingeladen
Machst du mit

Gottfried Heinzmann

Krippenspielzeit in der Behindertenhilfe

Wenn Maria Kartoffeln schält, Josef dem Wirt in Bethlehem vorwirft, „Hermännle zu machen“ und dieser mit „Hau ab – arrivederci – gang weidr“ antwortet, dann ist Krippenspielzeit in der Zieglerschen Behindertenhilfe. Ein Erlebnis der Extraklasse, denn die Menschen mit Behinderung interpretieren das Theaterstück zu Weihnachten mit viel Herz und großen Emotionen. So wird das Erstaunen Marias über die Begegnung mit dem Engel richtig greifbar. Der Engel kommt bei den Aufführungen zwar ins Stottern, selten jedoch sieht man einen so seelsorgerlichen Umgang zwischen Engel und Menschen. Sehr hartnäckig fordert Josef die Herbergsleute in Bethlehem auf, Mitleid mit ihm und seiner schwangeren Vertrauten zu haben. Dabei gelingt es den Parteien nicht, sich an den vorgegebenen Text zu halten und die Wortwahl wird mitunter sehr unbarmherzig, aber nicht unrealistisch.

Nicht unerwähnt dürfen die begeisterten Zwischenrufe, die Lacher und der immer wieder aufflammende Spontanapplaus der Zuschauenden (vielfach Menschen mit Behinderung) bleiben. Einer dieser emotionalen Höhepunkte ist die Geburt des Heilands,

bei der Maria verschämt ein Kissen unter dem Gewandt vorzieht und durch eine Puppe ersetzt, die sie dann mütterlich anlächelt. Auch Josef kann sich bei dieser Szene schwerlich dazu bringen, sein lautes Lachen durch würdevolle Anteilnahme zu ersetzen. Die Hirten und Schafe stehen meist sehr verloren auf der Bühne, bis sie tief betroffen auf den Engel reagieren, der bei seiner Botschaft über die Geburt des Retters voller Rührung in Tränen ausbricht. Der darauffolgende Engelchor macht durch Lautstärke und beschwingtes Tanzen wett, was an Tonalität und Textsicherheit fehlt. Die Zuschauer sind sich jedoch einig: Selten ist Freude so überfließend wie bei diesem Engelchor.
Der Auftritt der Könige ist sehr würdevoll. Die Schauspieler kommen mit ihren königlichen Gewändern, Kronen und Geschenken durch den Mittelgang der Kirche nach vorne. Trotz mehrfachem Proben verirren sie sich nicht selten im großen Bühnenbild. Es kam schon vor, dass ein König direkt auf Josef zugeht, während ein anderer sich voller Stolz dem Publikum präsentiert und König Nr. 3 schon beginnt sich mit König Herodes zu streiten. Den Schauspielern fällt bei dieser Szene schwer, dem bösen Herodes unvoreingenommen entgegenzutreten. Herodes selbst spielt seine Rolle nur widerwillig und freut sich mit, wenn die Könige endlich in den Stall zur Krippe gefunden haben. Die Könige und die heilige Familie sind dort etwas überfordert. Keiner weiß, wohin mit den Geschenken und in der Regel gibt es einen König, der sein Geschenk lieber selbst behalten möchte.
Durch die Schauspieler mit Behinderung wird die Menschwerdung Gottes wirklich menschlich, ganz nah, bewegend, verändernd, unperfekt, liebevoll, zum Nachdenken, zum Schmunzeln, horizonteröffnend.

Johannes Ehrismann

UNTERNEHMENS-
LUSTIGERENGEL

ruhe auf der flucht

die junge frau
mit vor erschöpfung zufallenden augen
gerichtet auf das kind im schoß
der kostbare schatz
der leben soll
endlich ein ruhepunkt
eine kleine pause
letzte kraftreserven zu sammeln
zu ihrer seite ihr mann
geflohen unter lebensgefahr
will sie hüten und bergen
inmitten der ungeborgenheit
gottfernen hasses
schützend breitet er
seinen mantel über sie
selber schutzlos dem wetter
und den menschen ausgeliefert
kalt ist das fremdsein
unendlich die sehnsucht
nach einem heim
der hunger nach brot und wärme
die angst vor verfolgung
jesus maria und josef
heute[3]

Maria Sassin

Fest des heiligen Stephanus, 26. Dezember

Stephanus war leitender Diakon der griechisch sprechenden Gemeinde in Jerusalem in den Anfangsjahren der Kirche. Er predigte öffentlich in Jerusalem von Jesus Christus. Das war sehr vielen dort ein Dorn im Auge. Stephanus wurde zu Tode gesteinigt. Es wird sogar erzählt, dass Saulus seinen Tod gebilligt hat.
Aus Saulus wurde später der Apostel Paulus, der wie kein anderer das Evangelium von Jesus Christus in der Welt verbreitet hat. Am zweiten Weihnachtsfeiertag erinnert sich die Kirche an ihre Anfangszeit. Sie gedenkt Stephanus, dem ersten christlichen Märtyrer, der für seinen Glauben an Jesus Christus sein Leben gelassen hat.
Am 2. Weihnachtsfeiertag, am Stephanstag, ist es eine alte – fast schon vergessene Tradition – Brot auszuteilen. Die Kinder bitten um Brot. Sie erinnern damit an die Anfänge der Diakonie. Stephanus hat mit den weiteren sechs Diakonen in Jerusalem die Armenspeisung eingerichtet, um den bedürftigen Gemeindemitgliedern zu helfen.

Johannes Bröckel

Stephanus und die Vesperkirche

In der Tradition des Stephanus und der anderen „Armenpfleger" (Apostelgeschichte 6) zur Unterstützung der Bedürftigen sieht sich auch die Vesperkirche Stuttgart, die Mutter der Vesperkirchen in Württemberg.
Täglich werden während der Vesperkirchenzeit in Stuttgart 600 Essen an Menschen ausgegeben, die bedürftig sind. Zehn Prozent

der Bürgerinnen und Bürger von Stuttgart leben in Armut, weil sie arbeitslos sind, weil sie krank sind, weil sie eine kleine Rente bekommen oder in einer großen Familie aufwachsen, weil sie Hartz IV beziehen oder auch weil sie wohnungslos und ohne Obdach sind. Auch die Einsamkeit führt manche in die Gemeinschaft der Leonhardskirche. Hier brennen während der gesamten Vesperkirchenzeit die Altarkerzen und zeigen, Christus ist gegenwärtig und vermittelt: „Wer zu mir kommt, den werde ich nicht abweisen."

Ein wenig abseits vom Altar steht ein großer Tisch und um herum sitzen zehn Personen, bestreichen Brotscheiben mit Butter und belegen sie mit Wurst oder Käse. Es ist eine muntere Runde, man tauscht sich aus und erzählt einander. Ganz in der Nähe rattert die Brotschneidemaschine. Dort werden die Brote vom Vortag geschnitten, die die Vesperkirche von einer Großbäckerei gespendet bekommt. Täglich ungefähr hundert Brotlaibe. Zwei, drei Stunden arbeiten sie an den belegten Broten, dann werden diese in Tüten verpackt und ausgegeben. 300 Vesperpakete werden daraus pro Tag. Ein leckeres Vesper!
So viele Menschen aus Stuttgart helfen mit, zu manchen Zeiten können es 900 Ehrenamtliche sein. Sie alle stehen für eine gewisse Zeit in der Tradition des Stephanus. Und mancher hat den Eindruck beim Austeilen von Brot, wenn Gemeinschaft unter Gästen und Mitarbeitenden wächst und wenn Armut zur Sprache kommt und nicht verschwiegen wird, dass sich der Himmel öffnet.

Gabriele Ehrmann

Jahreswechsel

Zum Wechsel ins neue Jahr wird auch in Gottesdiensten auf das vergangene zurückgeblickt, doch ein kirchliches Fest im engeren Sinne ist Silvester nicht. Warum?
Das neue Kirchenjahr beginnt im Vergleich zum neuen Kalenderjahr schon am 1. Advent. Der kalendarische Jahreswechsel ist somit auch nicht mit einer biblischen Geschichte verknüpft wie etwa Weihnachten oder Ostern.
Erst seit dem 16. Jahrhundert endet das Jahr am 31. Dezember. Damals überarbeitete Papst Gregor XIII. den julianischen Kalender, weil er noch präziser werden sollte. Dabei verschob man den letzten Tag des Jahres nach hinten: vom 24. auf den 31. Dezember. Der 31. Dezember 335 war der Todestag von Papst Silvester I, nach ihm wurde von da an dieser Tag benannt. Auch wenn das Kirchenjahr am 1. Advent beginnt, feiern die beiden großen christlichen Kirchen in Deutschland zum Jahreswechsel Gottesdienste. Dabei geht es um die Botschaft: In allem Wandel ist Gott beständig. Diese Gewissheit prägt Rückschau und Ausblick: „Gott ist bei uns am Abend und am Morgen, und ganz gewiss an jedem neuen Tag“ (Dietrich Bonhoeffer: „Von guten Mächten“).
Die Zeit wird auch genutzt, um persönlich noch einmal auf das Jahr zurückzuschauen und das Vergangene Gott anzuvertrauen. So dichtete Jochen Klepper 1938: „Der du die Zeit in Händen hast, Herr, nimm auch dieses Jahres Last und wandle sie in Segen” (Evangelisches Gesangbuch 64,1). Um Mitternacht beginnen vielerorts die Kirchenglocken zu läuten.[4]

Iris Ebensperger

„Brot statt Böller"

Unter diesem Motto ruft das evangelische Hilfswerk Brot für die Welt zum Jahreswechsel zu Spenden auf. Immer mehr Menschen entscheiden sich dafür, Silvester lieber leiser zu begehen und auf Raketen und Knallfrösche zu verzichten. Brot für die Welt lädt dazu ein, das neue Jahr mit einem Geschenk an Menschen in Not zu beginnen. Der Spaß, den ein Feuerwerk macht, ist nur kurz. Die Freude, die durch Teilen entsteht, ist von Dauer. Allein in Deutschland wurden in den vergangenen Jahren zu Silvester mehr als 100 Millionen Euro für Feuerwerk ausgegeben. Lediglich in den Pandemiejahren gingen die Zahlen zurück. Brot für die Welt will niemandem den Spaß verderben, aber gute Stimmung an Silvester ist nicht von Raketen und Knallern abhängig.
Rose Siriveje aus Kenia haben vierzig Euro geholfen, ihr Leben positiv zu verändern. Bereits diese Summe reicht aus, um zwanzig Kilogramm Sorghum-Saatgut zu kaufen. „Traditionelle Nahrungspflanzen sind reich an Inhaltsstoffen. Die Hirseart Sorghum zum Beispiel enthält neben Fluor, Schwefel, Phosphor, Mag-

nesium und Kalium viel Kieselsäure und Eisen und sie ist glutenfrei", erklärt Listone Ayodi, Projektkoordinator bei einer lokalen Partnerorganisation in Kenia. „Wir stellen den Bauernfamilien Saatgut zur Verfügung, das sie selbst weiter vermehren können. Zudem verbreiten wir nahrhafte Pflanzen, die gleichzeitig den Boden düngen, zeigen den Menschen die Herstellung und Anwendung von Kompost oder wie sie durch Mischkulturen und Fruchtfolgen die Böden verbessern und gleichzeitig ihren Speiseplan erweitern können."

Ann-Kathrin Hartter

Hilf mir aus deiner Fülle – oder schone dich

Wenn Sie noch auf der Suche nach einem Vorsatz für das neue Jahr sind, dann sind die Gedanken eines alten Mönchs vielleicht ein guter Wegweiser. Dieser Mönch hat vor vielen hundert Jahren einem Freund diesen Rat unterbreitet:
„Wenn du vernünftig bist, erweise dich als Schale und nicht als Kanal, der fast gleichzeitig empfängt und weitergibt, während jene wartet, bis sie gefüllt ist. Auf diese Weise gibt sie das, was bei ihr überfließt, ohne eigenen Schaden weiter. (...)
Lerne auch du, nur aus der Fülle auszugießen und habe nicht den Wunsch freigiebiger zu sein als Gott. Die Schale ahmt die Quelle nach. Erst wenn sie mit Wasser gesättigt ist, strömt sie zum Fluss, wird zur See. Die Schale schämt sich nicht, nicht überströmender zu sein als die Quelle. (...) Ich möchte nicht reich werden, wenn du dabei leer wirst. Wenn du nämlich mit dir selbst schlecht umgehst, wem bist du dann gut? Wenn du

kannst, hilf mir aus deiner Fülle, wenn nicht, schone dich" (Bernhard von Clairvaux, 1090-1153).
Ich höre daraus: Niemandem ist geholfen, wenn ich ständig über meine eigenen Ressourcen gehe. Am Beginn steht der liebevolle Umgang mit mir selbst. Dann kann ich mich gestärkt meinen Mitmenschen zuwenden und von der Fülle, die ich empfangen habe, weitergeben.
Wo sind die Orte, an denen Sie wie eine Schale Kraft und Lebensenergie sammeln? Welche Menschen, welche Tätigkeiten, welche Musik erfüllt Sie?
Mir scheint, als hätte der Mönch die Worte Jesu gut verstanden, der gesagt hat: Liebe deinen Nächsten wie dich selbst.

Stephanie Hecke

Hochwasserweihnachtsmann

Wer auch immer diesen Weihnachtsmann aus seinem Keller verabschieden musste – er hat ihm, so scheint's bewusst einen Platz zum Abschied gegeben und ihn nicht einfach so auf einen der Container geworfen. Die waren sowieso übervoll. Da liegt er nun, vielleicht mit einem letzten Gruß, einem letzten Dank für die treuen Dienste verabschiedet und mit Erinnerungen an die

Menschen, mit denen er Weihnachten feiern durfte. Ruhe sanft, lieber Weihnachtsmann! Es wirkt, als seien die weiteren Wasserschaden-Gegenstände mit Respekt drum herum gestapelt. Mitten im ganzen Chaos alles sein lassen und wieder Kraft tanken. Spüren, was mich trägt im Leben. Das kann auch mal der Müll sein. Das, was mich geschafft hat und was ich geschafft habe. Ich möchte innehalten. Nicht warten auf die ruhigen Tage. Nein: hier und jetzt da ausruhen, wo es dran ist. Provisorische Inseln im Alltagsmeer der Chaosmomente braucht es auch, damit ich wieder zur Ruhe komme. Der blaue Müllbeutel scheint jedenfalls für den Moment ein guter Sofaersatz zu sein. In Psalm 4,9 betet jemand, dem es ähnlich gegangen sein muss: „Ich liege und schlafe ganz mit Frieden, denn du allein Herr, hilfst mir, dass ich sicher wohne.“
Ein kleiner, wacher Hase lugt dem Weihnachtsmann aufmerksam über seine linke Schulter als wolle er sagen: „Irgendwann kommt die Zeit, da wirst du wieder aufstehen.“ Manchmal ist es Zeit für diese kleinen Auszeiten, für ein kleines Weihnachten oder Ostern mitten im Jahr. Ich meine damit die Momente von Ewigkeit mitten im Alltag. Denn alles wirkliche Leben lässt sich weder auf die ruhigen Zeiten zwischen den Jahren noch auf den Ruhestand verschieben. Etwa so, wie Astrid Lindgren schreibt: „Und dann muss man ja auch noch Zeit haben, einfach da zu sitzen und vor sich hin zu schauen.“

Beate Ellenberger

Epiphanias

Der Begriff leitet sich ab vom griechischen Wort „epiphaneia" und heißt übersetzt Erscheinung. An Epiphanias wird die Erscheinung Gottes als Mensch unter den Menschen gefeiert, die Zeit der Freude am menschlichen Gott. Thema des Erscheinungsfests sind die Geburts- und Kindheitsgeschichten Jesu, besonders die Anbetung der Weisen. Die volkstümliche Bezeichnung des Fests lautet auch „Dreikönige". Die Tradition hat aus den Weisen drei Könige werden lassen. Ein Stern gibt ihnen Orientierung in der Nacht und zeigt ihnen den Weg. Mit Epiphanias ist der zwischenzeitlich auch an manchen Orten ökumenische Brauch der Sternsinger verbunden, die von den Königen Casper, Melchior und Balthasar singen und den Segen Christi in die Häuser bringen: C+M+B – „Christus mansionem benedicat" – so steht es auf Türbalken mit Kreide geschrieben.
Die meisten orthodoxen Christen feiern am 6. Januar das Weihnachtsfest, weil sie es nach einem älteren, dem julianischen Kalender berechnen. Mit Epiphanias endet der engere Weihnachtsfestkreis. Bei uns zuhause wurde der Weihnachtsbaum nach dem 6. Januar abgeräumt. Alle folgenden Sonntage beziehen sich auf das Erscheinungsfest, tragen also den Namen 1. Sonntag nach Epiphanias, 2. Sonntag nach Epiphanias etc. bis mit dem Sonntag Septuagesimae die Vorfastenzeit beginnt.

Gabriele Ehrmann

Epiphanias

den stern
lob ich der
aus der reihe
tanzt
und unberechenbar
seine kreise zieht
den stern
lob ich den
kein fernrohr
findet
und der rechner
zur verzweiflung bringt
den stern
lob ich der
suchende
bewegt
auf unbekanntes ziel
zu wandern
den stern
lob ich der
einem kind
zulieb
die alte ordnung
sprengt[5]

Wilhelm Bruners

Dreikönig und der Segen der Sternsinger

Als Kind war ich etwas traurig, nicht selber mitmachen zu dürfen: Denn es war den Jungs vorbehalten, als Sternsinger und König von Haus zu Haus zu ziehen, den Segen zu bringen und für das Kindermissionswerk zu sammeln. Später als Mutter durfte ich die eine oder andere Gruppe von Kindern, eigenen und fremden, Buben und auch Mädchen begleiten, wenn auch ungeschminkt und ohne königliches Gewand.
Kinder jeglicher Religion beteiligten sich an der Aktion, die die Kirchengemeinde organisierte. Sobald sie lesen konnten, waren sie dabei, lernten Texte auswendig, übten für die Lieder und wünschten sich, den Segen an die Türe schreiben zu dürfen. Unter den verschiedenen Gruppen von Sternsingern gab es einen unausgesprochenen Wettkampf: Wer sammelt am meisten, wer

bekommt wie viel an Süßigkeiten, die gerecht verteilt werden und: Wer kann von besonderen Begegnungen berichten? Da ist die Familie, die den Christbaum nochmals anzündet und Freunde eigens für den Besuch der Sternsinger eingeladen hat, die alte und zurückgezogen lebende Frau, die beim Besuch der Sternsinger Tränen in den Augen hat vor Freude und Dankbarkeit und die Kinder mit warmem Tee versorgt oder die Passantin, die auf der Straße die Sternsinger anhält und sich den Segen holt. Wie viele Kilometer die Kinder an Dreikönig und oft am Tag davor oder danach unterwegs waren, spüren sie erst am Abend. Dazu gesellt sich aber der Stolz, anderen Freude bereitet und Geld für ein Projekt zur Unterstützung andere Kinder in anderen Ländern gesammelt zu haben.

Gudrun Silberzahn-Jandt

Von der Klarheit des Aufbruchs

„Über dir geht auf der Herr, und seine Herrlichkeit erscheint über dir“ (Jesaja 60,2).
Noch ein paar Schritte, dann habe ich den Gipfel erreicht. Vor mir eröffnet sich ein atemberaubendes Panorama: Schneebedeckte Gipfelzüge, im Bergsee spiegeln sich die wenigen Wolken. Es ist klar und ich kann weit sehen. Diese Klarheit überträgt sich auf mein Inneres. Ich fühle mich mit mir selbst und mit Gott verbunden. Ich spüre tief in mir eine Ruhe und Zuversicht, dass dieser Moment mich stärken und tragen wird, wenn ich mich auf den Weg ins Tal hinab begeben werde. Dann breche ich auf.

So ähnlich muss es auch Petrus ergangen sein. Jesus nimmt ihn zusammen mit Jakobus und Johannes auf einen hohen Berg mit. Angekommen am Berggipfel verändert sich das Aussehen Jesu: Sein Gesicht leuchtet wie die Sonne und seine Kleider strahlen hell. Petrus ist von dieser Klarheit so überwältigt, dass er den Moment festhalten möchte. Doch der Moment lässt sich nicht verewigen.
Der letzte Sonntag nach Epiphanias ist von solch einem Bergmoment geprägt. Es ist der letzte Sonntag in der Weihnachtszeit. Noch einmal werden wir gewärmt und erhellt vom weihnachtlichen Licht, vom Stern von Bethlehem. Aber dieser Tag lädt nicht zum Verweilen ein, sondern zum Aufbruch. Das weihnachtliche Licht und die geschenkte Klarheit geben den Mut zum Neuanfang. Vor uns liegt der Weg in die Passionszeit. Vom Licht in die Dunkelheit, von der Dunkelheit ins Licht, dieser Rhythmus aus Schatten- und Lichtzeiten prägt unser aller Leben. Am letzten Sonntag nach Epiphanias begehen wir bewusst diesen Übergang, getragen von der Erfahrung der Klarheit am Gipfelkreuz: Gott geht mit mir.[6]

Stephanie Hecke

Lichtmess, 2. Februar

„Mariä Lichtmess“ ist ein katholischer Gedenktag, der schon seit dem 5. Jahrhundert am 40. Tag nach der Geburt Jesu gefeiert wurde. Er erinnert an die rituelle Reinigung Marias, die eine Frau vierzig Tag nach der Geburt eines Kindes vollziehen musste. Im antiken Judentum galt darüber hinaus der erstgeborene Sohn als gottgeweiht und musste im Tempel durch ein Opfer, meist eine Taube, „ausgelöst“ werden.
Laut dem Lukas-Evangelium wartete im Tempel ein tiefgläubiger Mann namens Simeon. Ihm war geweissagt worden, dass er nicht eher sterben werde, als bis er den Messias gesehen habe. Als Maria ihm das Jesuskind in die Arme legt, stimmt Simeon ein Loblied an: „Herr, jetzt kann dein Diener in Frieden sterben, wie du es versprochen hast. Denn meine Augen haben gesehen: Von dir kommt die Rettung. Alle Völker sollen sie sehen – ein Licht, das für die Heiden leuchtet, und deine Herrlichkeit aufscheinen lässt über deinem Volk Israel.“ Der Name „Lichtmess“ geht auf dieses Licht zurück, von dem Simeon gesungen hat und das allen Menschen strahlt.
Mit Lichtmess sind in der katholischen Kirche Prozessionen mit brennenden Kerzen verbunden. Die fürs Jahr benötigten Kerzen der Kirchen und der Familien werden geweiht. Damit endet der Weihnachtsfestkreis. In manchen Kirchen und Familien wird nun der Weihnachtsschmuck endgültig verpackt. Eine Zeit ist vorbei, eine andere beginnt: die des zunehmenden Lichts.

Claudia Krüger

Die Funzel

Vor dem Wohnzimmerfenster steht eine Laterne mit funzeligem Licht, für die die Bezeichnung „Straßenbeleuchtung“ sehr schmeichlerisch ist. Sie spendet späten Heimkehrerinnen nur spärliches Licht und ist auch bei Tag unansehnlich. Doch diese Laterne tut Wunder.
Ich bin noch neu und fremd hier auf dem Land. Und weil es nicht allzu viel Abwechslung gibt, schaue ich abends gern aus dem Fenster. Sind das etwa Glühwürmchen da draußen? Tatsächlich – da fliegt ein Leuchtkäfer, und da noch einer! Aber sie sind seltsam groß, und dann sehe ich es: Es sind einfach nur unterschiedliche Insekten, die in der Augustnacht unter der

Lampe schwärmen. Aber in ihrem Licht werden sie zu leuchtenden Kugeln. Und in einer kalten dunklen Februarnacht, als auch noch Schneeregen fällt – da fallen glitzernde Juwelen, ein Perlenvorhang geht nieder – alles erzeugt durch das sonst schwache Licht der Laterne. Welch ein Wunder! Wenn Gott an diese Welt rührt, wird sie verrückt. Unmerklich um ein unmerklich Kleines. Und wir werden alles in neuem Licht sehen. Das Vergessene wird zum Ereignis, das Unscheinbare erblüht in voller Pracht. Das, was wir hässlich nennen, erstrahlt in seiner eigenen Schönheit. Und bevor das noch nicht in seiner Vollendung so ist, achten wir auf die Zeichen: das erste zögerliche Licht nach langem Winter, den treuen Dienst einer städtischen Straßenlaterne, dann und wann unseren eigenen gütigen Blick.

Urte Bejick

Das Hahnenfest

Das Hahnenfest wird in der Frühe gefeiert und ist zu jeder Jahreszeit möglich. Du kannst es einmal im Jahr feiern, wenn du morgens den Wasserhahn berührst – für das Kaffeewasser, für die Dusche, zum Zähneputzen. Halte kurz inne und liebkose den Hahn. Bedenke: Du musst nicht Kilometer laufen, um Wasser zu holen. Du musst keine schweren Kanister tragen. Du musst keine Sorge tragen, dass das Wasser potentiell tödlich ist. Das Hahnenfest steht für deine Freiheit und für die Dankbarkeit, dass du von anderen abhängig bist und sein darfst.

Urte Bejick

Osterfestkreis

Osterfestkreis

Der zweite große Festkreis im Kirchenjahr ist der Osterfestkreis. Er beginnt 70 Tage vor Ostern und erstreckt sich von der Vorpassionszeit, der Fastenzeit, der Karwoche, über Ostern bis hin zum Pfingstfest. Eine wichtige Zeit im Osterfestkreis ist die Fastenzeit, die mitten im Alltag am Aschermittwoch beginnt. Alles Überflüssige soll absterben, wacher und bewusster als sonst sollen wir leben und uns auf das Kommen Jesu vorbereiten. In katholischen Kirchen wird daher aller Altarschmuck abgeräumt und den Gläubigen wird auch heute noch ein Aschekreuz auf die Stirn gezeichnet.

In den beiden letzten Wochen vor Ostern steht das Leiden, die Passion Jesu im Mittelpunkt. In der Karwoche wird auch das eigene Leiden angeschaut. Dabei merken wir, wir sind im Leiden nicht alleine. Der Höhepunkt des Festkreises ist schließlich Ostern. Passend zum Frühling ist Ostern selbst die Feier des Lebens. Wir feiern die Überwindung des Todes durch das Leben. Christus hat den Tod besiegt. Auch in uns ist nun das Leben stärker als der Tod. Bis zum Pfingstfest wird die Osterfreude gefeiert.

Bärbel Danner

Christus ist im Leiden bis an das Ende der Welt.[7]

Roland de Pury

Der Leidensweg Christi

Mit Aschermittwoch beginnt die Passionszeit, eine Zeit der Stille, der Besinnung und der Buße. Sie dauert sieben Wochen und endet mit dem Osterfest. Die Passionszeit wird auch Fastenzeit genannt. An den Sonntagen wird allerdings nicht gefastet, da sie immer als kleine Osterfeste gefeiert werden.

Die liturgische Farbe ist in der Passionszeit lila und an Karfreitag schwarz. Die Farbe Lila ist eine Mischfarbe. Sie besteht aus Blau und Rot. Blau gilt als Farbe des Himmels und Rot als Farbe des Irdischen, Menschlichen und Körperlichen. In der Farbe Lila mischen sich Himmel und Erde. Gott kommt in diese Welt, erlebt das Irdische und bleibt doch Gott. Er erlebt die Leiden der Menschen, er nimmt Anteil und zeigt uns, dass er uns nahe ist und nahe bleibt. In allem.

Iris Ebensperger

„Halt's Maul, jetzt kommt der Segen"[2]

Der das sagt, hat viel durchgemacht – viel zu viel – und anderes, was notgetan hätte, nie bekommen. Das Leben an der Förderschule ist rau. Was gefühlt wird, wird rausgehauen. Ungefiltert. Verbal und manchmal auch mit der Faust. Jeder hat sein Päckchen zu tragen und das macht sich bemerkbar.
Etwas abgeschlafft trete ich nach einem langen Vormittag aus dem Gemeindehaus. Und ich glaub es nicht: Da werfen vier Jugendliche, was das Zeugs hält, Äpfel auf die gerade frisch gestrichene Kirche. Sanierungskosten: 30.000 Euro. „Seid ihr denn von allen guten Geistern verlassen?!", brüll' ich und bewege mich auf die Gruppe zu. Einer hält schützend seine Arme vors Gesicht und duckt sich. Ich gehe auf ihn zu. Und lege meine Hand auf seine Schulter. Er zuckt, aber ich zieh meine Hand nicht fort. Der Druck meiner Hand ist sanft. „Du hast Angst",

sage ich. „Das musst du hier nicht haben. Hier haut niemand. Aber reden will ich mit euch.“ Der Junge nimmt seine Arme vom Gesicht und schaut mich gebannt an. Ein Mädchen kommt dazu. „Bist du Nonne oder Psychologin oder ‘ne Heilige oder so was?“, fragt sie. „Nee, dazu hat’s nicht gereicht. Aber Pastorin bin ich, hier in dieser Kirche.“ „Eij, krass, so hat mit uns noch nie jemand geredet. Und den da, den darf sonst keiner anfassen, nicht mal berühren.“ „Ah“, sage ich, „dann hab‘ ich aber Glück gehabt.“ Ich hole Lappen, Besen und Schaufel und wir machen den Mist weg. Zusammen.
„Und jetzt?“ „Jetzt pflücken wir Äpfel und dann machen wir einen Apfelkuchen. Mit Zimt und Zucker. Das vertreibt jeden Kummer, sagt meine Oma.“ „Auch Liebeskummer?“ „Klar“. „Voll krass.“
Ich zeige den Kindern, wie man ein Messer benutzt, wie man den Müll wegräumt, ein Ei teilt und wie man den Kuchen belegt. Dabei erzählt mir Sophie von ihrem Liebenskummer, Kai von seinem scheiß Vater, dem Schläger, und Samid von seinem letzten Mofaklau. Nur Dennis sagt nichts. Das ist der, den man nicht berühren darf. Doch dann bricht es regelrecht aus ihm raus. „Sag mal, kann man in der Kirche auch beten?“ „Ja. Das kann man.“ „Ich meine, so richtig?“ „Was meinst du mit richtig?“ „So, dass der Priester einem die Hände auflegt und sagt, dass alles vergeben ist.“ „Ja, das kann man. Möchtest du das?“ „Ja.“ Wir gehen rauf in die Kirche. „Und nun, Dennis, wie sollen wir es machen? Wir könnten eine Kerze anzünden und wenn du willst, kannst du Gott erzählen, was du auf dem Herzen hast.“ „Eij, du, das ist so viel, das hält der nie aus.“ „Doch, Dennis, Gott hält das aus. Versuch es. Fang einfach irgendwo an.“
„Eij, Gott, wenn du hier bist, dann hast du’s ziemlich scheiße gemacht. Jedenfalls ist alles so, dass ich immerzu Scheiße tu. Und dass mein Vadder im Knast ist und meine Mudder, na du weißt schon, mit Männern rum machen muss, das ist auch

scheiße. Also deshalb, weil ich ja kein Geld hab' und so – darf ich wirklich alles sagen oder sagt Gott das der Polizei?" „Gott sagt nichts der Polizei. Red' weiter."
„Also ich war der, der die ganzen Straßenlaternen eingetreten hat. Aber nur, weil ich wütend war." Raus war's. Dennis guckt mich mit erwartungsvollen Augen an. Ich muss aufpassen, dass mir nicht die Tränen kommen. Wie kann einem so jungen Kerl so viel aufgelastet werden?
Wieder lege ich meine Hand auf ihn, diesmal auf seinen Kopf. Ganz sanft. Diesmal zuckt Dennis nicht. „Der Herr vergebe dir alles, was du getan hast. Und er vergebe deinen Eltern, was sie getan haben. Gott segne dich und behüte dich. Gott lasse leuchten sein Angesicht über dir und sei dir gnädig. Gott erhebe sein Angesicht auf dich und schenke dir seinen Frieden."
Ein Jahr später fand sich Dennis bei mir im Konfirmandenunterricht ein. Das war ausgesprochen anstrengend. Als wir für eine dreiwöchige Freizeit aufbrachen, hatte er 50 Arbeitsstunden im Reisegepäck: wiederholter Mofaklau.
Auf der Freizeit: Passionsgeschichte lesen und erleben. Rauf und runter. Was Dennis am meisten interessierte: „Der ist doch also nur wegen unserer Scheiße ans Kreuz gekommen. Also ich meine, weil ihn sein Freund verraten hat und alle anderen haben sich davon gemacht. Wie mein Vater. Und trotzdem sagt der ‚Vergib ihnen'? Ist das wahr?" – „Mmm". „Also vergibt Gott einem wirklich alles? Immer wieder?" „Immer wieder. Und wenn es sein muss 24 Mal am Tag. Du musst nur zu ihm kommen."
„Voll krass!!", sagt da sein Kumpel: „Können wir das bei unserer Konfirmation allen sagen? Ich meine, das müssen doch alle wissen. Unsere Eltern und so. Dann ist das Leben nämlich noch nicht vorbei." Dann ist das Leben nämlich noch nicht vorbei.[3]

Helke Ricker

Fastenzeit

Es gab Zeiten, da jagte man die mit einem Sack bekleideten und mit Asche bestreuten Büßer am Aschermittwoch aus den Kirchen. Dabei soll es besonders in Gallien sehr spektakulär zugegangen sein. Der Aschermittwoch war der Tag der Buße für die schwersten Sünden, erinnerte an die eigene Sterblichkeit und eröffnete die Fastenzeit vor Ostern. Fast vergessene Riten.
Was bleibt, sind diese vierzig Tage Wüste vor Ostern, Fastenzeit. Die sieben Wochen vor Ostern will ich nützen, ins Gleichgewicht zu kommen. Ich suche den klaren Kopf, die leichte Seele, den aufrechten Gang und die heilende Stille. Ich will Gott eine Gelegenheit geben, zu mir zu kommen. Ich will zu dem finden, der war, bevor ich auf diese Erde kam; dessen Wort auch in der benachbarten Galaxie gilt, und der mich ausgestattet hat mit allem, was ich brauche, um ein liebenswerter und wertvoller Mensch zu sein. Wie kann mir Fasten dabei helfen? Ich denke, man muss unter-

scheiden. Für die eine Art des Fastens entscheide ich mich, wenn ich in Modeprospekten geblättert, Werbefernsehen geschaut oder nur noch eine Hose im Schrank habe, die mir einigermaßen passt. Vier Wochen Verzicht auf Semmelknödel, Leberwurst und Trollinger. Schon allein die Sprache ist verräterisch. Sich verkneifen, sich etwas abringen, ankämpfen gegen diese oder jene Lust. Hungerkur und ähnliche Begriffe zeigen: Hier wird Gewalt angetan. Am Ende mag auch ein solcher Mensch geläutert sein. Doch ist dabei ganz vergessen, dass „Verzicht" etwas mit „verzeihen" zu tun hat und „Fasten" mit „Fest".
Wenn ich von Fasten rede, meine ich einen anderen Weg. Frei werden, nicht mehr „besetzt" sein, loslassen, zulassen. So wie uns die Mediziner sagen, wie wichtig ein möglichst freies, ungehindertes Fließen meines Blutes durch die Blutbahnen oder wie wichtig der freie Atem ist, so sehe ich als Seelsorger, wie wichtig eine aufgeräumte Seele ist.
Sie sitzen in einer großartig besetzten Aufführung von Mozarts Zauberflöte. Und eben, als der Vogelfänger Papageno auftritt, fällt Ihnen ein, dass Sie in der Tiefgarage das Auto nicht abgeschlossen haben. Sie sitzen auf heißen Kohlen. Tamino und Pamina können in Bestform singen. Den Kunstgenuss können Sie vergessen, mindestens bis zur Pause.
Da sein können, ganz da sein können, wo ich jetzt bin. Frei sein von unerledigten Geschäften. Offen für die Fülle des Lebens. Offen für die Schönheit, für das Glück und das Elend. Im Gleichgewicht sein. Ich möchte üben, wie das ist, wenn ich mich tragen und bergen lasse von Gott. Wie das ist, unbeschwert zu lieben. Das meine ich mit „aufgeräumter Seele". Die Übung dauert länger als sieben Wochen. Am Ende habe ich nicht zehn Pfund verloren – das vielleicht auch – am Ende hat Gott mich gefunden.

Gerhard Engelsberger

Weltgebetstag

Am ersten Freitag im März wird der Weltgebetstag der Frauen gefeiert, der natürlich auch Männern offensteht. Der „Weltgebetstag“ ist eine weltweite ökumenische Frauenbewegung unter dem Leitwort „Informiert beten“. Er bildet eine Gebetskette rund um die Welt. 1949 wurde Deutschland in die Kette der Weltgebetstags-Länder aufgenommen, ein Akt der Versöhnung und des Friedens.

Der Weltgebetstag in Deutschland ist so alt wie das Grundgesetz, das in seinem 2. Artikel die rechtliche Gleichheit von Frauen und Männern betont. Davon war in den 1950er Jahren noch wenig zu merken. Der Gottesdienst zum Weltgebetstag war für viele Frauen eine seltene Gelegenheit, einmal etwas „für sich" zu unternehmen. In kleinen Hauskreisen fing es an, bald auch ökumenisch. Das hieß: ökumenisch in einer Zeit, in der evangelische Kirchenmitglieder Fronleichnamsprozessionen mit höhnischem Lachen begleiteten, katholische mit offensivem Wäscheaufhängen am Karfreitag konterten. Frauen lernten sich über die Konfessionsgrenzen kennen, trauten sich oft erstmals, öffentlich vor anderen zu sprechen, gar die Schrift auszulegen. Heute benutzen wir Beamer, früher gab es „die Dias". Sie machten den Reiz der Länderinfos aus. Wer sich keinen Flug, keinen Auslandsurlaub leisten konnte, erlebte hier fremde Tier- und Pflanzenwelten, erstmals andere Kulturen. Der Weltgebetstag war und ist politisch: Liturgien von Frauen aus Südafrika, dem vom Bürgerkrieg geschüttelten Nordirland, aus Palästina und dem Libanon sorgten für Diskussionen, nie aber für den Bruch der Weltgebetstags-Kette. Auch in Schulen, in Einrichtungen für Menschen mit Behinderung, in Altenpflegeheimen wird Weltgebetstag gefeiert. Er verbindet Frauen und Männer im Gebet weltweit, öffnet Horizonte und ermutigt zum solidarischen Handeln.

Urte Bejick

Reminiscere, 2. Sonntag der Passionszeit

Der Name des Sonntags ist lateinisch und ein Imperativ, also eine Aufforderung. Die Übersetzung lautet: Gedenke. So beginnt Psalm 25, der Eingangspsalm für diesen Sonntag: „Gedenke, Herr, an deine Barmherzigkeit.“ Ein deutlicher Hinweis darauf, dass menschliche Existenz auf Gottes Barmherzigkeit angewiesen ist.

Gabriele Ehrmann

in dunkelheiten

du zündest ein licht mir an
in diesen dunkeltagen,
lässt mich ungehindert trauern,
bleibst bei mir in allen schatten,
schreien darf ich und weinen,
wenn das leben drückt
und so viel not die welt füllt.
tiefverborgen bist du gott,
ich rufe, wo bist du, wo,
komm zur hilfe,
doch ich weiß auch,
dein wort gilt –
du bist ich-bin-da,
bist ich-bin-in-dir,
bist ich-halte-dich –
auch wo ich dich nicht sehe.[4]

Maria Sassin

Gedenke!

Rabbi Isaak Luria traf einen Menschen, dessen Gebet eine besondere Kraft zu eigen war. „Was betest du?“, fragte der Rabbi den Menschen. Der Mensch entgegnete: „Ich kann weder lesen noch schreiben. Aber ich kann das Alphabet aufsagen. Ich bitte Gott, aus meinen Buchstaben Gebete zu formen“ (aus einer Erzählung mittelalterlicher jüdischer Mystik).
Grafeneck. Ein Ort auf der schwäbischen Alb. Gedenkort für 10.654 Menschen, die 1940 hier von den Nazis ermordet wurden. Von den 10.654 Menschen sind zunächst nur einige Namen bekannt. Man macht sich auf die Suche. Nach vier Jahren sind 4.400 Namen gefunden, in den darauffolgenden Jahren nochmals 2.000 Namen. Bei der alten Mauer des Friedhofs werden schließlich 6.500 Namen in ein Gedenkbuch eingeschrieben. Doch es sind noch viel zu viele Menschen, deren Namen unauffindbar bleiben.

Diane Samuels, Künstlerin aus Pittsburgh in den USA, gestaltet deshalb 1998 gemeinsam mit anderen einen Alphabet-Garten, in Anlehnung an die Erzählung aus der jüdischen Mystik.
26 Granitquader mit den Buchstaben des Alphabets liegen eingebettet im Gras. Das von alten Steinmauern eingefasste Stück Erde lädt ein, von Stein zu Stein zu gehen. Namen werden geformt, entstehen in uns. Am Ende des Ganges, auf einem großen Steinquader sitzend, klingen sie nach. Ich möchte es glauben: Gott kennt jeden einzelnen Namen. In seiner Liebe bleiben die Namenlosen geborgen auf ewig.
„In meine Handflächen habe ich deinen Namen eingraviert ..." (Jesaja 49,16).

Claudia Krüger

Lätare, 4. Sonntag der Passionszeit

Kleines Osterfest in der Passionszeit

Der Sonntag Lätare gleicht einer erholsamen Verschnaufpause mit guter Aussicht inmitten der Passionszeit. Wie in einem Kino-Trailer heißt es an diesem Sonntag: Bühne frei für die nahende Osterfreude! Mit Freude hat dieser Sonntag viel zu tun, denn er richtet unseren Blick auf das Gute hin, das winzig klein wie ein Samenkorn sogar in der schlimmsten Situation zu finden ist. Ein Lichtstrahl inmitten von Dunkelheit, das ist der Wegweiser des Sonntags Lätare, der auf die Auferstehung Jesu Christi und damit auf die Fülle des Lebens und auf die Freude hinweist. Genau dort hat der Name des Sonntags seinen Ursprung: „Lätare",

das ist lateinisch und bedeutet „Freue dich!“. Diese Worte stehen im biblischen Buch Jesaja 66,10 und haben dem Sonntag Lätare seinen Namen gegeben.
Das „kleine Osterfest“ kann man anschaulich gestalten, indem man Kresse-Samen auf befeuchtete Küchentücher oder Schalen mit Erde sät. sie werden beginnen zu grünen und damit täglich an die wachsende Osterfreude erinnern![5]

Stephanie Hecke

Mariä Verkündigung

Tag der Ankündigung der Geburt Jesu, 25. März

Neun Monate vor Weihnachten wird das Fest der Ankündigung der Geburt Jesu gefeiert, wie es im Lukasevangelium (Lukas 1,26-38) berichtet wird: Gabriel, ein von Gott gesandter Engel, erscheint bei Maria, grüßt sie: „Freue dich, Shalom, Ave Maria!" Der Engel verkündigt ihr: „Siehe, du wirst schwanger werden und einen Sohn wirst du gebären; dem sollst du den Namen Jesus geben." Auf die Frage Marias, wie sie denn schwanger werden könne, wo sie doch „keinen Mann erkenne", antwortet der Engel: „Der Heilige Geist wird über dich kommen und die Kraft des Höchsten wird dich überschatten." Das Kind werde Gottes Sohn genannt werden, denn bei ihm sei nichts unmöglich. Maria erschrickt zutiefst, sie ist völlig überwältigt. Lange denkt sie nach, fragt erneut. Schließlich stimmt sie dem göttlichen Willen zu: „Mir geschehe, wie du gesagt hast."
In der Katholischen Kirche wird das Fest sowohl als „Herrenfest" als auch als „Marienfest" gefeiert. In den orthodoxen Kirchen gehört es unter dem Namen „Euangelismos", Verkündigung der Frohbotschaft, zu den wichtigsten Hauptfesten.

Claudia Krüger

Judika, 5. Sonntag der Passionszeit

Schaffe mir Recht, Gott! (Psalm 43,1)
Früher fanden viele Konfirmationen am Sonntag Judika statt, denn da waren die jungen Leute mit der Volksschule fertig und begannen meist am 1. April eine Lehre. Heute können die Konfirmationen auch an anderen Terminen gefeiert werden.
Die Konfirmation ist ein feierlicher Segnungsgottesdienst, in dem sich junge Menschen zu ihrem christlichen Glauben bekennen. Die Konfirmandinnen und Konfirmanden bekräftigen dabei ihre Aufnahme in die christliche Gemeinde, die zuvor mit der Taufe, meist im Säuglingsalter, gefeiert wurde. Die Jugendlichen sind in manchen Gemeinden intensiv an der Gestaltung der Feier beteiligt.
Im Alter von 14 Jahren sind die Jugendlichen religionsmündig und erhalten damit alle Rechte innerhalb der evangelischen Kirche. Auf die Konfirmation bereiten sich die Mädchen und Jungen im Konfirmandenunterricht vor. Anders als früher stehen dabei nicht nur die Inhalte von Bibel, Gesangbuch oder Grundfragen des christlichen Glaubens, sondern auch das gemeinsame Erleben von Spiritualität, Feiern und Freizeiten mit auf dem Programm. Kritische Fragen sind willkommen, vor allem die: „Kann der christliche Glaube mir in der modernen Welt, in meinem jungen Leben, kostbare Impulse, Halt, Haltung, Trost oder Motivation vermitteln?“

Claudia Krüger

Konfirmation 1944

Frau E., geboren 1935 erzählt: „Eng war es in dem kleinen Häuschen auf der Schwäbischen Alb in einem Dorf zwischen Balingen und Ebingen. Wir Schwestern, ich neun, meine Schwester vierzehn Jahre alt, waren evakuiert, konnten aber wenigstens mit unserer Mutter bei der Schwester des Vaters unterkommen. Unser Vater war aufgrund seiner Arbeit und auch in seiner Funktion als Luftschutzwart in Stuttgart-Ost geblieben. Nun lebten wir dörflich und in winzigen Zimmern. Nur wenige Möbel hatten wir aus Stuttgart mitbringen können. Meine Mutter als ‚Stadtfrau' tat sich schwer, sich an das Leben auf dem Lande zu gewöhnen. Sie wusste wenig von Ackerbau und Viehzucht. Bald schon stand die Konfirmation meiner Schwester ins Haus. Frühjahr 1944. Woher bekommt man ein Konfirmationskleid? Im benachbarten Ebingen, wo traditionell Stoffe hergestellt wurden, hat die Mutter einen Samtstoff erbettelt. Natürlich wurde dieses Kleid fünf Jahre später für mich, die kleine Schwester, entsprechend abgeändert. Ich war dennoch stolz darauf, es war mit Liebe genäht und hatte einen Smokeinsatz, ganz edel!
In Vorbereitung auf die Konfirmation meiner Schwester mussten wir tagelang Eier, Mehl und Zucker zusammensparen, um einen einfachen Kuchen backen zu können. Neidisch waren wir auf die Bauernmädels und ihre Familien. Sie konnten Kuchen mit zehn Eiern backen und sogar große Torten, Blitzkuchen, alles! Wir prahlten im Gegenzug damit, dass Vater, Tante und Oma aus Stuttgart anreisen würden. Schließlich konnten alle drei nicht anreisen, denn das war zu gefährlich aufgrund der Bombardierung der Züge. Schweren Herzens feierte man im kleinsten Kreis.
Die Konfirmandinnen hatten die Kirche mit tannengrünen Girlanden geschmückt.

Damals, und auch später bei meiner Konfirmation 1949, war es üblich, dass man zwei Jahre lang Konfirmandenunterricht hatte. Wir mussten enorm viele Sprüche auswendig lernen. Auch zahlreiche Lieder haben wir gelernt, das kommt mir heute noch zugute!
Der Pfarrer war alt und streng und hat uns mehr Furcht als Vertrauen eingeflößt. Gottseidank ist das alles heute ganz anders! Groß war die Angst im Blick auf die Konfirmation, man könne stecken bleiben und sich jämmerlich blamieren. Also hatten wir alle einen kleinen Spickzettel in der Hand. So ging es dann irgendwie und es war alles in allem trotzdem schön und feierlich. Meinen Konfirmationsspruch habe ich mir gemerkt, ich durfte ihn nicht aussuchen, aber er hat mich durchs Leben begleitet: ‚Der Herr ist mein Licht und mein Heil, vor wem sollte ich mich fürchten? Der Herr ist meines Lebens Kraft, vor wem sollte mir grauen?' Der Spruch klebt vorn in meiner Bibel, die ich von der Kirche bekommen habe. Geschenke waren spärlich. Es gab Sammeltassen oder etwas anderes für die Aussteuer, nicht unbedingt das, was man sich als Jugendliche gewünscht hätte! Der Vater erinnerte uns daran, dass er zu seiner Konfirmation die ersten langen Hosen und sein erstes Glas Wein bekommen habe, denn die Konfirmation signalisierte seinerzeit noch den Eintritt ins Erwachsenenalter."

Aufgezeichnet von Claudia Krüger

Konfi heute

Konfirmandinnen und Konfirmanden heutzutage besuchen innerhalb ihrer „Konfi-Zeit“ auch unterschiedliche kirchliche Gruppen oder diakonische Einrichtungen. Konfirmandinnen und Konfirmanden aus Sindelfingen, die eine Einrichtung der Lebenshilfe besucht haben, sind beeindruckt:
„Hier werden benachteiligte Menschen mit körperlichen und/oder geistigen Beeinträchtigungen aufgenommen, bekommen Arbeit und damit eine neue Chance fürs Leben.“
„Wir haben erfahren, wie es Leuten mit Benachteiligung beim Arbeiten ergeht.“
„Man lernt Menschen mit Behinderung mit neuen Augen sehen.“
„Wir waren total erstaunt, welche außergewöhnlichen Fähigkeiten sie haben. Sie können Feinheiten bearbeiten, das kriegt sonst keiner hin.“

„Ich hätte nicht erwartet, dass die Leute so schwere Arbeiten lösen konnten.“
„Mir hat es dort sehr gut gefallen. Die Leute waren lustig und man hatte immer Spaß beim Arbeiten mit ihnen.“

Aufgezeichnet von Jens Junginger

Karwoche

Als Karwoche bezeichnet man die Woche vor Ostern und sie gilt als die wichtigste Woche des Kirchenjahres. „Kar“ leitet sich aus dem althochdeutschen Wort „kara“ ab und bedeutet „Klage, Sorge, Kummer“, da es um den Leidensweg und schließlich, an Karfreitag, um den Tod von Jesus von Nazareth geht.
Die Karwoche beginnt mit dem Palmsonntag, der an den Einzug Jesu nach Jerusalem erinnert. Jesus reitet auf einem Esel, dem Tier des Friedens. Die Menschen haben zur Begrüßung Palmwedel auf den dreckigen Straßen ausgelegt, daher der Name Palm-Sonntag. Am Gründonnerstag feiern Christinnen und Christen abends gemeinsam Abendmahl und denken zurück an das letzte Abendmahl, das Jesus mit seinen Jüngerinnen und Jüngern eingenommen hat, bevor er verraten wurde. Es folgt der Karfreitag, der Tag der Kreuzigung und des Todes Jesu. Der Karsamstag hängt zwischen dem Todestag und dem Tag der Auferstehung, die am Ostersonntag gefeiert wird. Die Karwoche endet mit dem leeren Grab und der frohen Botschaft: Jesus hat den Tod besiegt, er ist auferstanden.

Lena Fritz-Hopfe

Anregung: Passionsweg im Krankenhaus

Jedes Jahr feiern wir im Krankenhaus den Passionsweg mit sieben Andachten. Das ist immer ein kurzes und doch so wohltuendes Innehalten im sehr getakteten Klinikalltag. Die Andachten finden bei guter Witterung im Patientengarten statt, begleitet von Klavier- und Flötenmusik sowie von Gitarrenklängen.
Es ist berührend, wie die Menschen zusammenkommen: Patienten und Patientinnen, die bettlägerig sind, öffnen ihre Zimmerfenster oder lassen sie öffnen. Andere kommen selbst in den Patienten-

garten oder lassen sich im Rollstuhl bringen. Mitarbeitende unterbrechen kurz ihre Arbeit und stoßen hinzu. Auch Ehrenamtliche und Besucher finden sich ein. „Der Mensch", so lautet das Thema. Dazu beziehen wir beeindruckende Bilder von Kunstschaffenden der Diakonie-Stetten ein. Denn Kunst kennt keine Beeinträchtigung.
Diese Bilder verbinden wir mit der Passionsgeschichte Jesu, denn er verbindet sich darin mit dem Leid der Menschen aller Zeiten. Der Passionsweg 2022 etwa war brennend aktuell, leiden doch so viele Menschen auf unserer Welt und besonders in diesem furchtbaren Krieg in der Ukraine.
Jeweils ein Team von Diakonischen Schwestern und Brüdern sowie Mitarbeitenden gestaltet die Andacht. Ein Krankenpfleger sagt, es sei ihm so wichtig, jedes Jahr wieder mitzumachen und auch eigene Erfahrungen aus seinem Dienst im Krankenhaus einzubringen und seinen Glauben an Jesus zu bekennen. Der Liedruf „Kyrie eleison" der orthodoxen Liturgie[6] begleitete in 2022 ganz besonders unsere Gebete um Frieden. Ein Patient, der sichtlich die Frühlingssonne genießt und im Rollstuhl von seiner Enkeltochter begleitet wird, sagt anschließend, wie sehr ihn die Andacht getröstet habe.

Gudrun Geiger

Gründonnerstag

Christinnen und Christen feiern am Gründonnerstag gemeinsam das Abendmahl. Sie denken zurück an den Vorabend des Todes Jesu. Brot und Wein erinnern an Jesu Hingabe seines Leibes, seines Lebens. Jesus und seine Jüngerinnen und Jünger waren eigentlich zum Passafest nach Jerusalem gekommen. Gemeinsam feiern sie ein festliches Mahl.
Was sie noch nicht wissen: Es wird das letzte Mal sein, dass sie beisammensitzen und feiern, bevor Jesus sein Kreuz auf sich nimmt. Das letzte Abendmahl, es ist eine berühmte Geschichte, von Leonardo da Vinci etwa künstlerisch in Szene gesetzt: Jesus und seine zwölf Jünger sitzen an einem Tisch. Sie essen Brot und trinken Wein. Sie unterhalten sich, es herrscht gute Stimmung, bis ..., bis Jesus ihnen sagt, dass einer unter ihnen ihm in den Rücken fallen wird. „In der Nacht, da er verraten ward...". Die Stimmung kippt, Unsicherheit verbreitet sich. Werde ich es sein?
Noch heute erinnern Christinnen und Christen auf der ganzen Welt an das letzte Abendmahl. Manchmal wird an diesem Feiertag auch ein „Agape-Mahl" gefeiert, wobei „Agape" in diesem Kontext die Liebe unter Freunden meint: Zum häuslichen „Liebesmahl" lädt man alleinstehende oder hilfsbedürftige Nachbarn zum Essen ein.

Lena Fritz-Hopfe

Füße waschen

An Gründonnerstag erinnern sich Christinnen und Christen an den letzten Abend, den Jesus mit seinen Jüngern verbracht hat. Dabei hat er ihnen vor dem gemeinsamen Mahl die Füße gewaschen. Die müssen schmutzig gewesen sein, denn sie waren den ganzen Tag auf staubigem Boden unterwegs, nur in Sandalen. Eigentlich haben das damals die Diener für ihre Herren gemacht. Jesus hat das umgedreht. Hat als Lehrer seinen Schülern die Füße gewaschen. Das mit dem Waschen der Füße hat seitdem Tradition. Der Papst ist ins Gefängnis gegangen und hat dort Häftlingen die Füße gewaschen.
Nadia Bolz-Weber, eine amerikanische Pastorin hat das auch gemacht in einer Gemeinde, die „Haus für all die Sünder und Heiligen" heißt. In dieser Gemeinde sind viele Menschen, die in anderen Kirchen gar nicht erwünscht wären. Viele von ihnen haben psychische Probleme oder Probleme mit Drogen. Viele sind krank, leben ihr Leben anders als es die Norm vorgibt. Sie haben aber dort ein Zuhause und am Gründonnerstag waschen sie sich gegenseitig die Füße.
Nadia Bolz-Weber meint: Jesus will die Menschen so, wie sie sind. Sie müssen vorher nicht ihr Leben ändern. Sie dürfen kommen mit ihren schmutzigen Füßen und mit all ihren Problemen. Er ist für sie da. Und mit dem Füße-Waschen will er ihnen zeigen: Das meine ich ernst. Deshalb waschen sich Menschen am Gründonnerstag in der Gemeinde gegenseitig die Füße.

Jenni Berger

Karfreitag

„Gekreuzigt, gestorben und begraben." Es ist Karfreitag. Der Sterbetag Jesu – das Leiden und Sterben Jesu am Kreuz stehen im Mittelpunkt. Ein stiller Feiertag. Ein Feiertag, an dem alle Geschäfte geschlossen sind, an dem das Hören lauter Musik sowie Tanzveranstaltungen verboten sind. Auch in der Kirche: Weder Kerzen noch Blumenschmuck zieren an diesem Tag den Altar, bis zur Osternacht schweigen vielerorts Orgel und Kirchenglocken. Die Trauer steht im Vordergrund; als Zeichen hierfür ist die liturgische Farbe schwarz. Karfreitag ist zusammen mit dem Ostersonntag der höchste Feiertag des Christentums. Für viele Christinnen und Christen ist der Tag der Kreuzigung der Höhepunkt des Fastens. Mancherorts wird der Tag mit einer Karfreitagsprozession begangen. Dem Leidensweg Jesu wird in Andachten und Umzügen gemeinsam nachgespürt. Auch wenn „Kar"-Freitag die eigentliche Bedeutung „Klage, Sorge und Kummer" hat, liegt der Schwerpunkt des Feiertags im englischsprachigen Raum woanders: Dort wird der höchste christliche Feiertag „Good Friday" genannt, also „guter Freitag", was die hoffnungsvolle Bedeutsamkeit auf Ostern hin bereits unterstreicht.

Lena Fritz-Hopfe

Gekreuzigt

Ein Kreuz ist das Symbol für das Christentum. So, wie der Halbmond für den Islam und der Davidsstern für das Judentum. Ein Kreuz – kein Pluszeichen. Im Gegenteil. Eher ein Minuszeichen. Wenn einer am Kreuz hängt, dann ist er fertig. Am Ende. In der Antike wurden Menschen an solchen Kreuzen zur Abschreckung für andere hingerichtet. So wie Jesus Christus, von dem die Christen ihren Namen haben. In jeder Kirche hängen Kreuze, manchmal mit dem sterbenden Jesus daran: ein blutender, zerschundener, hilfloser Mensch.

Wie kann man nur, fragen viele. So ein grausames Bild – was ist das für ein Glauben! Muslime zum Beispiel sagen: Wie kann der Gottes Sohn sein? Gott ist allmächtig und stark und prächtig. Nur so kann er ein Schutz sein für die Gläubigen.

Wir Christen dagegen glauben: Genau so hat sich Gott gezeigt. In diesem Menschen Jesus, der am Ende von vielen verspottet, verachtet und hingerichtet wurde. Ohnmächtig und den Menschen ausgeliefert. Auch so hat sich Gott gezeigt. Deshalb hängen Christen bis heute Kreuze auf, und viele finden: Dieser Gott, der da mit Jesus am Kreuz hängt, der tröstet mich, wenn es mir selbst schlecht geht und ich am Ende bin. Die Welt ist ja nicht das Paradies, und ich habe nicht nur gute Stunden.

Deshalb hängen bis heute Kreuze in vielen Krankenzimmern. Deswegen hängen Kreuze in armseligen Hütten. Die Leidenden und Sterbenden, die Armen und Ohnmächtigen vergewissern sich: Gott verlässt keinen, dem es so geht wie mir. Gott ist einer von uns. Er ist eben kein muskelbepackter Held, wie die Griechen ihre Götter in berühmten Statuen dargestellt haben. Keiner der sich abwendet von denen, die nicht so stark und so tüchtig sind. Gott selbst ist da, wo Menschen leiden.

Er ist gerade für die da, die sonst kaum noch etwas haben. Dafür steht dieses Kreuz. Gott selbst macht sich gemein mit den Leidenden. Er ist bei denen, die sterben müssen. „Ein Arzt ist für die Kranken da", hat Jesus zu seinen Lebzeiten gesagt, „nicht für die Gesunden" (Lukas 5,31). Ich glaube deshalb: So ist Gott. Er lässt die nicht fallen, die in Not geraten sind. Er ist immer noch da, auch wenn sich alle anderen von mir abwenden. Und er bleibt da, auch über meinen Tod hinaus. Er hält mich in seiner Hand. Auch daran erinnert mich das Kreuz.[7]

Lucie Panzer

wie ein esel
trage ich an meinem schulterkreuz.
zwei achsen
j
o
c
h
s c h l ü s s e l - b e i n
u
n
d
k
r
e
u
z
b
e
i
n
tag für tag
mit störrischer geduld.
manche tage ist das kreuz mir schwer
dann drückt es mich
zum boden nieder.
manche tage richt' ich mich
an seinem längsholm auf
und lasse mir den rücken stärken.
manche stunde wird es leicht
und tragbar fast
wie ein gewand.
und selten, ach, zu selten
spreizt sein querholm sich zu flügeln
hebt mich himmelwärts.
und lässt den alten esel fliegen.

Stefan Jooß

Gemeinsam aushalten

An Karfreitag erinnern wir uns daran, dass Jesus am Kreuz gestorben ist. Im Gottesdienst brennt sonst immer eine Kerze und die Bibel liegt aufgeschlagen auf dem Altar. Am Karfreitag löschen wir die Kerze aus. Und wir schlagen die Bibel zu. Die Orgel spielt nur leise, wenige Töne.
Im Gottesdienst hören wir von Jesus. Wie er verurteilt, gequält und ans Kreuz geschlagen wird. Und wie er dann stirbt. Am Ende des Gottesdienstes war mir immer nach Weinen zu Mute. Es war eine besondere Traurigkeit. Und die war gut so. Warum? Weil wir gemeinsam sein lassen konnten, was nun mal so ist. Weil wir es miteinander ausgehalten haben. Dass es auf viele Fragen keine Antwort gibt. Dass es für viele Probleme keine Lösung gibt. Dass es so vieles gibt, dessen Sinn wir nicht verstehen. Allein ich kenne und mag so viele, die viel zu früh gestorben sind. Ich kenne viele, die schwer krank sind und eigentlich doch gesund sein sollten. Und wenn ich Nachrichten schaue, begegnen mir so viele Regionen auf der Welt, in denen Krieg, Hunger und Gewalt herrschen. Und ich denke an die Flüchtenden, die in schrecklichen Lagern auf ein menschenwürdiges Leben hoffen. Im Gottesdienst am Karfreitag haben wir all das gemeinsam in den Blick genommen und ausgehalten. Wir haben darin eine große Kraft erlebt. Deshalb hat der Karfreitag für mich eine ganz eigene Schönheit und Würde.
Wir konnten das gemeinsam aushalten, weil wir daran glauben: Der Tod Jesu ist nicht das Ende. Nach dem Karfreitag kommt Ostern. Jesus ist auferstanden. Es gibt ein Zurück ins Leben.

Jenni Berger

Alles wird anders

In der Passionszeit ist der Karsamstag für mich ein ganz besonderer Tag. Er ist der Tag „dazwischen". Er trägt noch die Spuren des Karfreitags, aber der Schmerz der Kreuzigung und des Todes ist einer verhaltenen Trauer gewichen, einer seltsamen Ruhe. Doch diese Stille ist erfüllt. Da kündigt sich etwas an, wie Wein im Fass reift, wie es unter der Haut, die die Knospen schützt, schwillt und knistert. Da zerrt etwas an den Gittern, die uns umgeben. Alte Traditionen haben den Karsamstag mit dem Abtauchen Jesu in das Totenreich, verbunden. „Niedergefahren zur Hölle" hieß es in alten Katechismen noch. Ein schreckliches Wort. Aber es heißt: In Jesus begibt sich Gott in die Höllen der Welt, in die Hölle der Flüchtlingslager, in das niederdrückende Dunkel einer Depression, in die Kälte der Einsamkeit. Er begibt sich in das Unwegsame in unserer Welt und lässt selbst die Toten nicht im Stich. Seit Karsamstag gibt es keinen gottfreien Raum mehr, keinen Raum, den er nicht betreten und mit den Menschen und Geschöpfen teilen will. Der Karsamstag mündet in die Osternacht, in das schwer Fassbare und Wunderbare: Christ ist erstanden!

Und seine Auferstehung ist keine Wiederbelebung, keine Rückkehr zum Gewohnten – nicht für Jesus und nicht für seine Jüngerinnen und Jünger. „Siehe, es ist alles neu geworden." Ostern ist trotz aller lieb gewonnen Bräuche, die es begleiten, nie das Gewohnte und Einschätzbare. Es ist die Ankündigung eines großen Wandels. Christus ist auferstanden: Es gibt keine gottfernen Räume und Zeiten mehr. Siehe, es wird alles neu werden.

Urte Bejick

Osternacht

Der Karsamstag wird auch Tag der Grabesruhe genannt. Am Abend nach Einbruch der Dunkelheit beginnt die Osternacht. Lesungen aus der Bibel spannen den Bogen von der Schöpfung über die Befreiung des Volkes Israel aus Ägypten bis zur Neuschöpfung. Abendmahl und Taufen gehören meist zur Osternachfeier. Diese Nacht wird auch als Herzmitte des Kirchenjahres bezeichnet. Denn Jesus ist nach den biblischen Berichten in der Nacht auferstanden; die Frauen fanden am frühen Morgen das leere Grab vor.
Die Osternacht ist die Nacht des Betens und Gedenkens an die Auferstehung Jesu Christi von den Toten. In vielen Gemeinden finden Osternachtgottesdienste statt. Sie beginnen noch vor dem Morgengrauen. Im Kirchhof wird ein Feuer entfacht und die Gemeinde versammelt sich darum. Es werden Osterkerzen entzündet als Symbole für die Auferstehung und den Sieg des Lebens über den Tod. Als Zeichen dafür, dass mit der Auferstehung das Licht in die Welt kommt. Zum Ende des Gottesdienstes werden die brennenden Osterkerzen in die noch dunkle Kirche getragen und erhellen dann den Raum. Die Besucherinnen und Besucher geben sich die Hand mit den Worten: „Christus ist auferstanden – er ist wahrhaftig auferstanden.“ Bei manchen Gottesdiensten ist es Brauch, jedem Besucher und jeder Besucherin beim Ausgang ein Osterei als Symbol für das wiedererwachte Leben zu schenken.

Lena Fritz-Hopfe

Ostern

Ostern ist das älteste Fest, das im Christentum gefeiert wird. Die Botschaft vom leeren Grab und die Berichte vom Auferstandenen werden verbreitet und gründen den Glauben an Gottes lebensschenkende und den Tod überwindende Kraft. Anders als das Weihnachtsfest hat Ostern kein festes Datum. Ostern fällt immer auf einen Sonntag. Lange war umstritten, an welchem Sonntag Ostern gefeiert werden soll. Erst im Jahr 325 n.Chr. wurde festgelegt, dass Ostern an dem Sonntag gefeiert wird, der dem ersten Vollmond nach dem Frühlingsanfang folgt, also frühestens am 22. März oder spätestens am 25. April. Mit dieser Regelung erinnern wir uns daran, dass Jesus in der Passahzeit gestorben und auferstanden ist. Ostern ist das Fest, an dem alles begann: Wer rollt den Stein weg, der alles blockiert, fragten sich die Frauen auf dem Weg zum Grab von Jesus. Wer macht den Weg frei, wenn wir nicht mehr weiterwissen? Die Steine, die uns das Leben erschweren, bringt Gott an Ostern ins Rollen. Gott öffnet Türen ins Leben. Er macht es möglich, dass unser Leben neu ersteht.

Johannes Bröckel

Auferstehung – ist eine andere Geschichte

Dem Tod bin ich schon oft begegnet. An Sterbebetten, auf Autobahnen, bei Scheidungen, Kündigungen und in Zeugnissen. Der Auferstehung bin ich noch nie begegnet. Vielen wunderschönen Frühlingen nach dem Winter, ja. Auch dem Neubeginn von totgesagten Ehen, der Befreiung eines ganzen Volkes von Diktatur oder dem Aufatmen nach dem negativen Befund aus dem Labor. Ich habe den Aufstand der Studenten mitgetragen und freue mich auch heute noch, wenn die Fantasie sich gegen den Trott wehrt, wenn der Angst die Flügel gestutzt und der Macht Hörner aufgesetzt werden.
Ich habe Aufbrüche erlebt, die felsenfeste Hoffnung des Krebskranken und den aufrechten Gang des Konkursopfers zum Arbeitsamt. Eine Nachbarin hat mich als Kind vor dem Erstickungstod bewahrt und ein rothaariges Mädchen vor einer verzweifelten Dummheit mit 20. Ich bin Wundern begegnet und der Weisheit des Alters. Habe großartige Menschen getroffen, die Jesus nicht einmal dem Namen nach kannten und staunte über den kindlichen Glauben anderer an den „Heiland". Grenzen, scheinbar für ewig gezogen, sind gefallen, Grenzen zwischen Völkern und zwischen Einzelnen.
Ich fühlte mich am Ende und heute singen Kinder meine Lieder. Ich habe erlebt, wie eine Frau nach dem Abendmahl und meinem (?) Segen vom Sterbebett aufstand und mich besuchen kam. Und ich habe Kinder gesehen, die Spielzeugpanzer tauschten gegen Pinsel und Farben. So viel Gutes, Hoffnungsvolles. Doch der Auferstehung bin ich noch nie begegnet.
Ich mag sie nicht, die üblichen Sprüche, den beschäftigten Trost, die gutgemeinte Richtigkeit – sie reichen einen Abschied und einen halben Schmerz – weiter nicht: Über alles wächst Gras –

Auf Regen folgt Sonne – Das Leben muss weitergehen – Wir werden ihn nie vergessen – Sie bleibt uns immer ein Vorbild – Er ist nicht zu ersetzen...

Auferstehung ist nicht von dieser Art. Auferstehung hat eine andere Qualität. Auferstehung ist ohne Zeit, ohne jähes Erwachen und schale Nüchternheit. Auferstehung ist gültig oder es ist nicht Auferstehung. Auferstehung ist kein Bild für Aufstand, Neubeginn oder Hoffnung. Auferstehung ist die Wirklichkeit Gottes, nicht Traum der Menschen.

Auferstehung lässt sich nicht in Begriffe fassen wie alt oder neu, Diesseits oder Jenseits, Tod oder Leben. Auferstehung ist Verheißung. Auferstehung ist nicht der Fluss, in dem ich schwimme, sondern die Quelle, die ihn nährt.

Auferstehung ist die Beziehung Gottes zu den Menschen. In die Auferstehung gerufen, bin ich in Gott und damit in allem und in allen, zu denen Gott „Beziehung" hat. Der „Christus in mir" oder nenne es „Seele" oder nenne es wie du willst – es geht immer um eine „Beziehung". Auf Jesus Christus „bezogen" werde ich auferstehen. Weil Christus in mir ist und ich in ihm. Weil Gott nicht Maß nimmt in kleinen Einheiten, nicht in Karos denkt und nicht auf Linien schreibt, werden auch die Maßlosen auferstehen. Und mit ihnen auch ich. Doch wehe, die Maßlosen stehen jetzt auf. Eben das wäre nicht „Auferstehung", sondern Krieg.

Auferstehung ist mir noch nicht begegnet. Und doch wird es die entscheidende Begegnung meines Lebens sein. Das Abbild wird Original, der Traum begegnet seiner Wirklichkeit, das Licht seiner Quelle.

Darauf will ich warten. Will nicht kurzatmig nach Gutem greifen und es Auferstehung nennen. Lazarus oder des Jairus Tochter sind nicht Jesus. Sonst hätte der Tod das letzte Wort.

Der Auferstehung bin ich noch nicht begegnet. Und doch ist sie

es, auf die ich warte, die Energie meines Tuns, die Kraft meiner Widerstände, die Quelle meiner Gebete, die Unruhe meiner Anpassung.
Doch bis sie mir begegnet, will ich weiter – wie bisher – ihre Spuren suchen und dem Wind und dem Sand, die sie verwischen wollen, meine Hoffnung entgegen lachen. Und mit all den vielen „gleich Gesinnten" tanze ich Freudentänze an jeder Wegkreuzung, wo immer wir auf Spuren stoßen.
Mehr braucht ein Mensch nicht. Das Andere, das Neue, das Ewige, das Licht – Ostern – das ist eine andere Geschichte.

Gerhard Engelsberger

Land ohne Bremsspuren

schon ein leichter Wind glättet den Sand
es gibt nichts Fremdes mehr
eine Welle im Entstehen und Brechen
eines Meeres Idee und Ruf
eines Windes Schweigen
kein Fensterkreuz, kein Fadenkreuz
keine Ketten und Straßensperren
nur kurz bleibt eine Spur auch Spur
keine andere vertieft die Gräben
keine weiteren Tritte
keine Bremsspuren
keiner hält die Gesänge des Windes fest
versucht, den grellen Schrei des Strandläufers
schwarz auf weiß festzuhalten
in Noten zu pressen das verschwindende Rieseln des Sandes
auf Kilometer kein Held
wenn wir auferstehen
wird das am Meer sein
keine Verstecke
keine Bremsspuren
wir werden verweilen im Bleiben
zärtlich sein ohne Ziel
elektrische Kabel sind nicht verlegt
an ihrer Stelle Umarmungen, Hände, Gesichter

wenn wir auferstehen
werden die Uhren
Zahlen und Orientierung verlieren
zum Spiel und zärtlich kreisen die Zeiger

es muss am Meer sein, meine ich
und früh am Morgen

und da wird nur ein Wort sein
wenn wir auferstehen
sagt Gott du zu uns
du

Gerhard Engelsberger

Niemand ist vergessen!

Für uns auf der Palliativstation im Diakonie-Klinikum Stuttgart sind das Sterben und der Tod normal. Und doch ist es nicht alltäglich. Menschen im Sterben zu begleiten, ist etwas Besonderes. Jede Begleitung ist anders, weil jeder Mensch anders ist, im Leben und im Sterben. Einen Menschen in der letzten Lebensphase intensiv zu begleiten, berührt auch uns Helfende. Deshalb braucht auch unsere Seele Kraftquellen wie Rituale, bei denen wir auftanken und uns fallen lassen können.
Ein solches Ritual ist unsere jährliche Gedenkfeier, die vor dem Toten- bzw. Ewigkeitssonntag stattfindet. Unsere Klinikseelsorge gestaltet sie und das ganze multidisziplinäre Team nimmt daran teil. Die Namen der Menschen, die bei uns im letzten Kirchenjahr verstorben sind, stehen in der Mitte, im Licht der Osterkerze. Alles ist festlich geschmückt.
Zur Vorbereitung schreibe ich jeden einzelnen Namen auf eine eigene Karte. Als ich damit vor zehn Jahren für die erste Gedenkfeier begann, war mir noch nicht bewusst, wie wertvoll dies für mich wird. Heute ist das Schreiben der Namen für mich genauso wichtig wie die Gedenkfeier selbst.
Wenn auf unserer Station jemand verstirbt, werden sein Name, sein Geburtsdatum und sein Sterbedatum auf eine Seite in unserem Gedenkbuch aufgeschrieben. Oft wird diese Seite noch individuell von jemandem aus unserem Pflegeteam gestaltet, mit Erinnerungen an diesen Menschen.
So gehe ich also ein Jahr zurück, zurück zum Datum unserer letzten Gedenkfeier und schaue mir die Namen der Verstorbenen an. Vor meinem inneren Auge sehe ich bei vielen Namen ein Gesicht. Ich erinnere mich an Begebenheiten, an Gespräche, an schöne, aber auch an schwere Stunden. Mir fällt ein, wo ich

helfen konnte. Aber auch Situationen, in denen es schwer war, wo etwas offengeblieben ist. Ich denke an manches gesprochene Wort, an Gehörtes, an Schweigen. Es gibt auch Namen, die für mich erst mal nicht vertraut klingen. Ich schaue in meinen Aufschrieben nach, um mich zu erinnern. Diese Zeit nehme ich mir bewusst. Diese Zeit brauche ich: für mich, für meine Seele, für meinen Frieden.
Zu meinem persönlichen Ritual gehört es auch, dass ich nach der Gedenkfeier die Karten mitnehme und sie bis Ostern aufbewahre. Am Ostermorgen, in unserem Mutterhausgarten, gebe ich die Namenskarten ins Osterfeuer. Dieser Moment ist für mich wichtig, um mich zu vergewissern, dass das Leben dieser Menschen in Gottes Gedächtnis ist – in Ewigkeit.

Martin Löw

Mitten am Tag

Ostern – mir fällt ein Liedanfang ein: „Manchmal feiern wir mitten am Tag ein Fest der Auferstehung". Das Lied macht mir Lust, das einfach mal auszuprobieren. Mitten am Tag nicht auf die Berge von Arbeit starren, sondern den Frühling wahrnehmen. Die Nase in die Luft recken und Auferstehung feiern. Mitten am Tag sich nicht von dem gefangen nehmen lassen, was schon immer so war und was auf keinen Fall anders werden kann, sondern den Aufbruch wagen. Neu denken und Auferstehung feiern. Mitten am Tag sich nicht von der Angst anstecken lassen, die um sich greift, sondern von der Freude. Glauben, hoffen, lieben – weil da einer ist, der den Tod besiegt hat und lebt.[8]

Gottfried Heinzmann

Das Vogelfest

Es findet im Frühjahr statt, an einem beliebigen Tag um 4 Uhr in der Frühe oder ein klein wenig früher. Wach' auf und dann hörst du einen einsamen schwachen Vogelruf oder den Versuch eines Rufs. Danach lange nichts. Dann wiederholt er sich, ein anderer Vogel antwortet. Dann mehren sich die Stimmen – je nachdem, wo du wohnst, zehn, zwanzig, hundert Vogelstimmen!

Urte Bejick

Die Sonntage zwischen Ostern und Pfingsten

Die Sonntage zwischen Ostern und Pfingsten dienen dem Gedenken der Ereignisse zwischen Auferstehung und Himmelfahrt sowie dem Warten auf das Heilshandeln Gottes durch die Kraft des Heiligen Geistes an Pfingsten.
Die Inhalte dieser Sonntage betonen den Glauben an die Schöpfung, an die Kraft des Betens, an die Macht des Segnens und an die Wirksamkeit der Taufe. In diesen Wochen begehen die Kirchen die erste Heilige Kommunion und Konfirmationen. In keinem anderen Jahresbereich finden mehr Taufen und kirchliche Eheschließungen statt als in der Zeit zwischen Ostern und Pfingsten.

Iris Ebensperger

Quasimodogeniti, 1. Sonntag nach Ostern

Wie ein neues Leben kann es sich anfühlen, wenn Menschen der Hoffnungsbotschaft Jesu neu vertrauen – trotz aller Zweifel. Das klingt im Namen des ersten Sonntags nach Ostern an: Quasimodogeniti ist ein lateinisches Wort und bedeutet „Wie die neugeborenen Kinder“. Dieser Sonntag hatte in der altkirchlichen Tradition eine große Bedeutung. Christinnen und Christen, die in der Osternacht als Zeichen des Neugeborenwerdens in weißen Gewändern getauft wurden, legten erst eine Woche später am Sonntag Quasimodogeniti ihre Taufgewänder ab. Möglicherweise kommt der Name „Weißer Sonntag“ aus dieser Tradition. In der katholischen Kirche nehmen die Kommunionkinder traditionell zum ersten Mal am Abendmahl teil, in der evangelischen Kirche wurde an diesem Sonntag jahrzehntelang Konfirmation gefeiert. Ein wunderbares Zeichen: Neu geboren werden, trotz aller Zweifel.[9]

Stephanie Hecke

Weißer Sonntag

Frau S. erinnert sich: „Am Weißen Sonntag trugen die Mädchen ein besonderes Kleid – ein weißes. Man hat gesagt: „Da ist man wie zum ersten Mal Braut.“ Die Kinder haben eine große, geschmückte Kerze bekommen. Weil sie teuer war, kam sie in die gute Stube. Zu Fronleichnam wurde die Kerze mit auf die Prozession genommen. Zuhause wurde für das Fest ein Schwein geschlachtet. Viele Gäste waren eingeladen. Es war immer ein ganz besonderer Tag.“

Aufgezeichnet von Iris Ebensperger

Misericordias Domini, 2. Sonntag nach Ostern

Hirtensonntag

Der 2. Sonntag nach Ostern erzählt von der „Güte und Barmherzigkeit Gottes“ und auch vom „guten Hirten“. Das Hirtenbild ist das wohl bekannteste Bild für Gott. Auch Jesus vergleicht sich mit einem Hirten und sagt von sich: „Ich bin der gute Hirte. Meine Schafe hören meine Stimme und ich kenne sie und sie folgen mir; und ich gebe ihnen das ewige Leben“ (Johannes 10,1.27).
Niemand möchte gern ein Schaf sein, aber doch begleitet uns Menschen eine tiefe Sehnsucht, so bedingungslos geliebt zu sein, dass jemand alles stehen und liegen lässt und unermüdlich nach uns sucht, wenn wir Gefahr laufen, im Gestrüpp des Lebens verloren zu gehen. Der gute Hirte gibt niemanden auf, niemals. Er verlässt uns in Ewigkeit nicht, und wird uns einst ein ewiges Zuhause schenken in seiner Liebe.
Aufgrund seiner eindrücklichen Bilder und weil er so lebensnah ist, lernen Kinder bis heute den 23. Psalm vom guten Hirten, und vielen Menschen wird er zum tröstenden Begleiter, ihr Leben lang.
Die biblischen Texte von Hirten und Schafen unterscheiden aber auch zwischen guten und schlechten Hirten!

Claudia Krüger

Hirten hören und kennen den Weg

Hirten waren die ersten Menschen, die Tieren Namen gaben. Das ist etwas Gewaltiges. Gefährlich, weil dem die Gefahr innewohnt, dass ich das Bekannte ganz und gar für mich in Beschlag nehme. Meine Ausbeute. Großartig aber, weil der Name das Tier aus der Anonymität heraushebt, in die Familie hineinnimmt, zum Partner macht.
Gott und Jesus Christus, sein Sohn, werden in der Bibel immer wieder als Hirten, als Pastoren, als Hüter unseres Lebens bezeichnet. Der Mensch kann sich nicht selbst hüten. Und Kain gibt Gott auf die Frage nach seinem erschlagenen Bruder provozierend die Frage zurück: Soll ich meines Bruders Hüter sein?
Schafe sind weithin orientierungslos. Ein Schaf kehrt niemals von selbst zurück, wenn es verirrt ist; es hat einen Hirten nötig, der es sucht. Die Augen des Schafes sind am besten im Kopf des Schäfers aufgehoben. Er muss sich in das Schaf hineindenken. Das Schaf kann ihm vertrauen.
Man muss schon aufpassen – Stimmen unterscheiden, auf Nuancen hören, ob es nun einer wirklich gut mit mir meint oder ob er mich benutzt, verführt, missbraucht, ausnimmt und verrät – und das alles noch mit dem Anspruch, er wolle mir etwas Gutes tun.
Das Schaf kann auf das aufpassen, was direkt vor ihm ist. Kann über Steine und Gräben springen. Aber dass da drüben die B27 und da vorne die Autobahn ist und was alles noch an Gefahr droht, das weiß der Schäfer.
Jesus Christus, der gute Hirte. Er fängt an in einem Stall. Das Zeichen für die Hirten damals: Da ist Armut, Geblöke, Gestank, Elend, eine Futterkrippe, vielleicht Flucht. Später, schon unterwegs, sagt er: „Das habt zum Zeichen: Ich bin der gute Hirte

und kenne die Meinen, und die Meinen kennen mich, wie mich mein Vater kennt, und ich kenne den Vater. Und ich lasse mein Leben für die Schafe."

Gerhard Engelsberger

Das verlorene Lämmchen und Oskars Entdeckung

Es war verloren gegangen – das Lämmchen. Nun wollte sich der Hirte auf den Weg machen, um nach ihm zu suchen. „Lass doch – auf eins mehr oder weniger kommt's nicht an", bekam er zu hören. Der Hirte wollte das Lämmchen aber nicht einfach aufgeben und verloren gehen lassen. Eine Parallele dazu gab es gegen Ende des 19. Jahrhunderts in Deutschland. Ein Teil der

Bevölkerung wurde nicht mehr für wichtig gehalten, nicht in den Kirchen und Gemeinden und von den damaligen „Hirten“ nicht. Es waren einige wenige, vereinzelte, die dann – dem allgemeinen Trend zum Trotz – sehr engagiert und gezielt angefangen haben zu suchen, was verloren gegangen war. Sie begannen Menschen aufzusuchen und sich zu kümmern. Suchen, aufsuchen und sich kümmern um sozial, seelisch, körperlich, gesundheitlich Schwächere. Das war nach ihrem christlichen Verständnis Kirche im Sinne Jesu. Ausgehend von diesen aufsuchenden Hirten entstand damals eine zweite Form von Kirche, die diakonische Kirche. Von einer solchen diakonischen Kirche und ihren Erfahrungen damit erzählen junge Taufeltern, wenn man sie fragt, was für sie Kirche ausmacht. Sie haben Kirche im Zivildienst oder als Familienhelferinnen im elterlichen Haushalt als diakonische Kirche erlebt.
Oskar[10] hat diese Erfahrung nicht gemacht. Er schlendert über den Kirchplatz und bleibt mit etwas Abstand vor der Kirchentür stehen und hält inne. Dann geht er auf die geöffnete Tür zu. Er tritt ein. Er hat beschlossen: „Ich schau mal, ob ich hier Gott finde.“ Gott könne einem helfen, sagen manche. Doch beim Anblick des Kreuzes erschrickt er. Er sieht einen fast nackten mageren, verwundeten blutenden, elenden Menschen. Halblaut sagt er vor sich hin: „Also, wenn ich du wäre, dann hätte ich mir das nicht gefallen lassen.“ Nein, so dargestellt, hat Oskar Gott weder erwartet, noch wollte er Gott so sehen. So stand es um Gott gar nicht anders als um ihn selbst. Bei diesem Gedanken stockt Oskar. Das bedeutet: Gott ging es wie ihm. Hat er in Gott am Kreuz unerwartet und unversehens einen Leidensgenossen gefunden? Eine Überraschung! Es beschleicht ihn der Gedanke: So verloren, wie er sich selbst manchmal vorkommt, ist er vielleicht gar nicht.

Jens Junginger

Kantate, 4. Sonntag nach Ostern

Singt!

„Singet dem Herrn ein neues Lied, denn er tut Wunder", so heißt es in Psalm 98. Singt! Singt! Das ist das Motto vom Sonntag Kantate. Gott schenkt die Musik und den Gesang, ein wahrlich schönes Geschenk. „Die Musik macht die Seele froh", so schreibt

es Martin Luther. Am 4. Sonntag nach Ostern wird dieses Geschenk besonders gefeiert: Gott danken und loben mit Musik und Gesang. Ob nun ein vielstimmiger Chor die schönste Kirchenmusik erklingen lässt, oder die Orgel geniale Stücke der großen Musiker wie Bach oder Beethoven spielt, oder gar die Lobpreisband den Groove reinbringt: Musik und Gesang erfüllen die Häuser und Kirchen an diesem Sonntag.

Lena Fritz-Hopfe

An der Bushaltestelle

Ich starre auf den Bildschirm. Vor mir ein noch leeres Word-Dokument. Eigentlich sollte ich arbeiten. Ich schweife ab und schaue aus dem Fenster. Ein Güterzug rattert vorbei. Mit vielen Autos drauf. Neue Wagen, die irgendwohin gebracht werden zum Verkauf. Gibt es davon nicht schon genug? Alte Autos, die niemand mehr haben möchte. Ich kippe das Fenster und lasse frische Luft hinein.

Ich schaue wieder auf meinen Bildschirm. Zurück zur Arbeit. Hm, was geht eigentlich gerade so auf Facebook? Meine E-Mails könnte ich auch mal wieder checken. Ein Blick aufs Handy – nichts Neues. Ich gehe auf tagesschau.de und schaue kurze Videos, um mich über die Lage der Nation zu informieren. In der Welt ist viel los, nicht viel Schönes.

Ein Lied reißt mich plötzlich aus meinen Gedanken. Ich höre es und meine Ohren und meine Augen folgen der Musik aus dem Fenster nach draußen, an die Bushaltestelle. Dort erschallt ein spanisches Lied und ich sehe, wie zwei Menschen dazu tanzen. Ich kenne das Lied aus dem Radio und spannenderweise aus meinem Zumba-Kurs. Ich kenne diese Menschen zwar nicht, aber ich sehe sie beinahe täglich. Sie sind obdachlos, sie sitzen in dieser oder einer anderen Konstellation häufig an der Bushaltestelle, tagein, tagaus, bei jedem Wetter. Sie sitzen dort, reden, rauchen, trinken, pöbeln – und heute? Heute tanzen sie. Der eine Mann legt gerade ein paar wirklich beeindruckende Tanzmoves auf den Asphalt und auch eine Frau tanzt mit. Ihre Freunde drum herum tänzeln etwas verhaltener zur Musik. Und, ich kann es zwar nicht bis in mein Büro hören, aber ich sehe es an ihren Lippen: Sie versuchen das Lied mitzusingen. Fast automatisch bewegt sich mein Körper im Takt mit. Es ist ein rhythmisches Lied, wie gesagt: Zumba-Kurs.

Der Mann mit den tollen Moves versucht eine Passantin zu motivieren mitzutanzen. Sichtlich verunsichert und peinlich berührt läuft sie schnell weiter und schüttelt den Kopf. Nicht alle finden das so toll: die laute Musik, ihr Mitgrölen und ihr unbeschwertes Tanzen.

Aber: Ich bin begeistert, dass die Menschen da draußen so viel Spaß haben. Sie jubeln, sie tanzen, sie singen laut. Draußen. Mitten am Tag, an einer Bushaltestelle neben dem Bahnhof. Öffentlich, spontan, ausgelassen und unbeschwert, für alle zu sehen und zu hören.

Heute haben mir Menschen, die ich nicht kenne, gezeigt, dass man auch in schwierigen Situationen singen, tanzen und jubeln kann. Und auch, wie sehr es doch befreit, die Sorgen einmal beiseitezulegen, um ein Lied zu singen.

Lena Fritz-Hopfe

Emma

Emma ist 98 Jahre. Sie lebt alleine in ihrem Reihenhäuschen, seit ihre einzige Tochter vor einigen Jahren gestorben ist. Damals hat man ihr zugeredet, sie solle doch ins Pflegeheim gehen, schließlich war sie damals schon nicht mehr die Jüngste. Aber Emma wollte davon nichts wissen. „Ich gehe nicht ins Pflegeheim. Ich komme doch hier ganz gut zurecht. Außerdem habe ich ja die Diakonie!"
Wir setzen uns zusammen und überlegen, wo wir Emma unterstützen können. Sie hat ein eigenwilliges Ordnungssystem, das nicht unbedingt dem Standard eines schwäbischen Haushalts entspricht. Aber sie findet sich darin zurecht, freut sich, wenn einmal in der Woche jemand von der Diakoniestation kommt zur Wohnungsreinigung und eine Schwester ihr die Tabletten für die Woche vorrichtet. Meistens trifft man sie an, wie sie irgendwo im Haus vor sich hin werkelt, immer leise vor sich hin summend. Selten beklagt sie sich.
Mit den Jahren ist Emma schwächer geworden. Wir haben uns wieder zusammengesetzt und gemeinsam überlegt, ob sie jetzt im Pflegeheim besser aufgehoben wäre. Nach unserer Vorstellung wäre sie dort weniger einsam. Aber immer noch will Emma davon nichts wissen. Sie will in ihrem Zuhause bleiben.
Anstatt einmal in der Woche kommen die Schwestern jetzt mindestens vier Mal am Tag: helfen bei der Morgentoilette, beim Frühstück machen, Mittagessen kochen und Abendbrot vorbereiten, verabreichen ihr ihre Medikamente, weil sie die Einnahme immer wieder vergisst, bringen sie abends wieder ins Bett, kümmern sich um den Haushalt. Emma scheint zufrieden zu sein: Wenn ich komme, freut sie sich, dass jemand da ist und unterhält sich gerne. Wenn ich mich verabschiede, fragt sie zwar bedauernd: „Musst du wirklich schon gehen?" Aber wenn ich

sage, dass ich oder eine Kollegin ja in ein paar Stunden wiederkomme, nickt sie und streichelt meine Hand.
Die Wartezeit nutzt sie für ein Nickerchen oder unterhält sich mit der Katze aus der Nachbarschaft, die regelmäßig zu Besuch kommt, um sich ein paar Leckerlis und Streicheleinheiten abzuholen. Manchmal sitzt sie aber auch nur da, schaut in die Ferne und summt die Melodie, die ihr gerade in den Sinn kommt. Sie wirkt tatsächlich nicht, als wäre sie unglücklich, vielmehr scheint sie ihren Frieden gefunden zu haben.

Antje Doms

Das Leben wagen

Ich weiß, Herr,
dass ich mich täuschen kann,
auch da, wo ich mich
von dir geführt glaube,
aber ich will den Irrtum nicht fürchten,
will nicht ängstlich stehenbleiben,
denn du begleitest und segnest
meinen Weg,
wenn ich dich darum bitte.
Das Wagnis ist schön, mein Gott,
denn du lässt mich
auch über Umwege und Irrwege
nach Hause finden.[11]

Sabine Naegeli

Rogate, 5. Sonntag nach Ostern

Betet!

„Gelobt sei Gott, der mein Gebet nicht verwirft noch seine Güte von mir wendet“ (Psalm 66,20).
Diesen Sonntag nutzten in vergangener Zeit viele Menschen, um ihre Bitten im Gebet vor Gott zu bringen. Als Antiphon[12] sang man ein Jesuswort! Johannes 16,24: „Bittet (rogate), so werdet ihr empfangen, auf dass eure Freude vollkommen sei!“ In diesem Sinne zog man auf die Felder, um für eine gute Ernte zu beten. Man wusste, der Mensch kann vieles tun, aber letzten Endes liegt alles in Gottes guter Hand. Und man wusste: Das Gebet bewirkt viel, wenn es ernstlich ist. So machte man sich mit seinem Tun und Lassen von Gott abhängig und von seiner gütigen Zuwendung. Lange Zeit befand sich in der altkirchlichen Liturgie zu diesem Sonntag der Kehrvers: „Gelobt sei Gott, der mein Gebet nicht verwirft, noch seine Güte von mir wendet. – Der Herr ist auferstanden, er ist wahrhaftig auferstanden“ (Psalm 66,20; Lukas 24,6a+34a). Im Nachklang österlicher Gewissheit betete man in der Überzeugung: Der Auferstandene ist gegenwärtig und wird sich mit seiner Kraft und Allmacht um die Geschicke seiner Menschenkinder kümmern![13]

Johannes Ehrismann

Wie groß ist doch die Macht des Gebets!

Man könnte es einer Königin vergleichen,
die immer freien Zutritt zum König hat
und alles erlangt, worum sie bittet.
Es ist durchaus nicht nötig, ein schönes,
für den entsprechenden Fall formuliertes Gebet
aus einem Buch zu lesen, um Erlösung zu finden.
Ich sage Gott ganz einfach,
was ich ihm sagen will,
ohne schöne Worte zu machen,
und er versteht mich.
Für mich ist ein Gebet
ein einfacher Blick zum Himmel,
ein Ruf der Dankbarkeit und der Liebe,
aus der Mitte der Mühsal wie aus
der Mitte der Freude. Es ist etwas Großes,
das mir die Seele weitet
und mich mit Jesus vereint.[14]

Thérèse von Lisieux

Wörter verschenken

„Wörter verschenken", heißt die Übung[15]. Im Seminarraum sitzen vierzehn Mitarbeiterinnen aus der Altenpflege. Sie haben jeden Tag mit demenziell veränderten Menschen zu tun. Von manchen wissen sie, dass sie früher immer zur Kirche gegangen sind, eine Bibel und ein Gesangbuch liegen auf dem Nachttisch, aber sie werden nicht mehr genutzt. Auch diese Ressource – vergessen.
„Überlegen Sie sich ein Wort, das für Sie im Moment einen guten Klang hat", fordere ich die Seminarteilnehmerinnen auf. „Und nun gehen Sie jeweils zu einer anderen Teilnehmerin und bitten sie um ein Wort für sich. Das machen Sie drei Mal. Nun haben alle vier gute Worte. Und nun: Sie schreiben einen Psalm. Das heißt: Sie bringen ein Gebet, in dem diese vier Worte vorkommen, vor Gott."
Adrenalin-Kick, die Pulsfrequenz steigt. Das ist gut, das macht produktiv. „Sie schaffen das", verspreche ich, „Lassen Sie es einfach fließen. Es sind Ihre Worte." Die zehn Minuten sind um. „Ich weiß nicht, ich hab' einfach nur", beginnt die erste und liest:
„Herr, Du hast mich auf diesen Weg geschickt.
Behüte mich, gib mir Ruhe und Frieden.
Lass mich endlich an das Ziel meiner Sehnsucht gelangen.
Dort, an deiner Seite, möchte ich der Melodie meines Lebens lauschen
und mich aufgehoben fühlen. Halleluja"
Alle sind baff. Die Lesende ist es selbst. Ich bin berührt. Also weiter: „Erzähl' mal jemand eine kurze Begebenheit mit einem Dementen beim Zubettbringen." „Ich hab' eine. Hedwig, wir nennen sie immer bei ihrem Vornamen, weil sie sich selbst sonst nicht mehr erkennt – ist immer unruhig, scharrt mit den Füßen, nestelt mit ihren Händen, zerpflückt Blumen, will weg. Wenn

ich sie dann in ihr Zimmer bringe, dann kommt es aus ihr 'raus, ‚Oh mein Bett! Mein Bett!'"
Super Vorlage. „Welche Gefühle nehmen Sie wahr?" „Unruhe, Angst, Geborgenheit, Sehnsucht nach Ruhe, Vertrauen." „Okay, fünf Begriffe, das kennen wir schon. Wir stellen uns vor, mit Hedwig ein Gutenachtgebet zu sprechen – über ihrem Bett hängt ein Kreuz." Zehn Minuten Zeit, ein Nachtgebet für Hedwig.
„Da ist mein Bett, hier bin ich geborgen.
Hier bin ich zu Haus.
Wenn ich mich in meine warme Decke kuschle, kann mir nichts passieren.
Ich kann mich nicht verlaufen, ich muss mich nicht anstrengen, hier geht es mir gut.
So wie in meinem Bett bin ich bei dir zuhause, mein Gott."
Am nächsten Tag schreiben wir Gebete für Sterbende in verschiedenen Situationen. Hier ein Gebet für einen schwer und leidvoll Sterbenden, ein Klagepsalm:
„Gott, der du der Herr bist über Leben und Tod.
Warum lässt du mich in meiner Hilflosigkeit allein?
Spürst du nicht, in welcher Bedrängnis ich mich befinde?
Ich will dieses Leben nicht mehr, in dem ich nichts mehr selbst entscheiden kann und darf.
Ich sehe keinen Sinn mehr und empfinde nur noch Wut.
Sogar Wut auf dich, mein Gott.
Lass es nicht zu. Erlöse mich. Ich sehne mich nach Dir."
Ich sammle diese Gebete. Die Erkenntnis: „Beten heißt: die Gefühle des anderen wahrnehmen und dann stellvertretend mit Gott reden, wie einem der Schnabel gewachsen ist." (Monika, Altenpflegerin)[16]

Helke Ricker

Christi Himmelfahrt

Zwischen Himmel und Erde

„Hier ist der Himmel auf Erden", sagen wir in Momenten, in denen es uns rundum gut geht. Was ist der Himmel? Die unendlich blauen Weiten über uns oder die scheinbar zeitlosen Sekunden, in denen wir glücklich sind? Wenn wir Christi Himmelfahrt feiern, erinnern wir an den Abschied Jesu von seinen Jüngern vierzig Tage nach seiner Auferstehung. Er kehrt zurück zu Gott. Seit dieser Zeit ist für Christen der Himmel dort, wo Jesus Christus ist. Zwischen Himmel und Erde leben sie. Und doch: „Was steht ihr da und schaut in den Himmel?" Die Frage an die Jünger gilt auch uns. Im Hier und Jetzt, in unserer Gegenwart können wir etwas vom Himmel erfahren: in dem Glanz auf den Gesichtern unserer Mitmenschen, in Momenten der Freude und der Liebe, in denen wir eins sind mit Gott und Menschen.[17]

Himmel ist kein Ort, sondern eine Erfahrung

März 2022, ARD spezial: Krieg in der Ukraine. Ein herzzerreißendes Bild. An einer Busstation oder vor einem Bahnhof muss sich die ukrainische Mutter und ihr Kind vom Ehemann und Vater verabschieden. Die beiden können fliehen. Er muss bleiben, sein Land verteidigen. Das Kind, vielleicht zwei Jahre alt, auf dem Arm des wortlosen Vaters trommelt mit Fäusten gegen den Helm und weint, ja schreit an gegen die Trennung und schlägt verzweifelt auf den Schutzhelm ein – als ob es diesem Schutz die Schuld an der schlimmen Trennung gäbe. Vermutlich hat es später

nicht hinterhergeschaut, sondern sich an die Mutter geklammert, die Augen krampfhaft verschlossen. Die Augen verschließen – die letzte verzweifelte „Macht" gegen die Trennung. Die Jünger stehen wortlos, entsetzt da und blicken zum Himmel. Wieder ist ihnen Jesus entrissen worden. Erst durch den Tod. Jetzt durch das Leben. Ihre Heimat, Jesus, ist weg. Ihr Meister, ihr Haus und ihr Halt. Christi Himmelfahrt war für sie ein Verlust-Fest.
Zwei Engel holen die zum Himmel starrenden Jünger aus ihrer Schockstarre und schicken sie zurück nach Jerusalem. Der Auferstandene konnte nicht bleiben.
Trennungsängste sind schlimmste Ängste. Gegen die Trennungsangst gibt Jesus den Jüngern seinen Geist und einen Auftrag.
Ich habe oft genug beides erlebt: Leben in Angst und Leben im Geist. Darum weiß ich, was christliches Leben ist. Leben nach diesen neuen Spielregeln:

Nicht sehen und doch glauben.
Nicht helfen können und doch nicht resignieren.
Nicht hören und doch ahnen.
Nicht trauen und doch wagen.
Auf die Gefahr von Enttäuschung hin lieben.
Auf die Gefahr von Tod hin leben.
Auf die Gefahr von Verlust hin schenken.
Auf die Gefahr von Versagen hin lernen.
Angesichts von Schädlingen und Trockenheit pflanzen.
Angesichts von Krieg keine Waffen schmieden.

Doch wesentlich ist: Himmel ist kein Ort, sondern eine Erfahrung. Himmel ist überall, wo Gott ist. In Judäa, Samarien, bis an das Ende der Erde (Apostelgeschichte 1,8c), auch im U-Bahn-Bunker von Kiew und im Flüchtlingsbus nach Stuttgart.

Gerhard Engelsberger

Exaudi, 6. Sonntag nach Ostern

Höre mich

Herr, höre meine Stimme (Psalm 27,1).
Dies ist der letzte Sonntag in der österlichen Freudenzeit. Exaudi ist lateinisch und bedeutet: Höre. Nun geht die Osterzeit zu Ende. Jesus ist nicht mehr da und die Jüngerinnen und Jünger fragen sich: Was kommt jetzt? Wie hören wir jetzt von Gott? Und hört Gott uns? Manchmal wird mir der Abschied schwer: Wenn ich dem Zug hinterherblicke oder an der Absperrung am Flughafen stehe. Noch viel schwerer ist es, wenn ich nicht weiß, ob wir uns wiedersehen werden.
Den Abschied Jesu von seinen Jüngern beschreibt der Sonntag Exaudi. Seit seiner Himmelfahrt ist Jesus nicht mehr sichtbar bei ihnen. Es liegen harte Tage vor ihnen. Doch Jesus lässt sie nicht allein. Auf andere Art wird er ihnen nahe sein: in ihren Herzen, als nie versiegende Quelle der Kraft. In einem neuen Geist werden sie Jesus erkennen. Das ist kein Ersatz für seine Anwesenheit, aber ein Trost. Noch heute lebt dieser Geist unter uns: Wo nach Gottes Willen gefragt wird, wo Liebe unser Handeln prägt, da wird er spürbar. Aber auch dort, wo wir verzagen, wo uns der Hals zugeschnürt ist, ist er uns tröstend nahe und bringt unsere Anliegen vor Gott. Und manchmal zeigt sich Gott dort, wo wir ihn nie vermutet hätten.

Iris Ebensperger

Segen für ein Kind

Nicht, dass du auf Wolken schwebst, sondern dass du mit beiden Beinen in dieser Welt aufrecht gehen lernst.
Nicht, dass du mit Samthandschuhen angefasst wirst, sondern dass du ehrlichen Menschen begegnest, die sich über deine Gaben freuen und deine Fehler verzeihen.
Nicht, dass man dich mit Geschenken überhäuft und auf Rosen bettet, sondern, dass du immer einen Menschen findest, der es von Herzen gut mit dir meint, der Zeit hat für dich und für dich betet.
Nicht, dass du eines Tages bestaunt oder beneidet im Rampenlicht stehst, sondern dass du täglich neu Freude findest an deinem Leben.
Und wenn du eines Tages deine ganz eigenen, unverwechselbaren Wege gehst, denen wir nicht mehr zu folgen vermögen oder die wir nicht verstehen, wenn uns der Raum oder dann auch die Zeit trennen, dann wünschen wir dir, dass du Wurzeln schlägst in dieser wunderbaren Erde.
Dass du deine Hände, dein Herz, deine Ohren und Augen offen behältst für den Himmel, dass du sagen kannst: „Ich habe es

versucht“. Dass du keinem sein Glück neidest und dem helfen kannst, der dich um Hilfe bittet.
Möge Gott es fügen, dass du an jedem Morgen spürst: Ich bin geliebt.

Gerhard Engelsberger

Kinder segnen

Mitten im Alltag kann die Nähe und Liebe Gottes durch wunderschöne kleine Rituale erlebt werden. Wir müssen uns nur trauen, sie ganz alltäglich und selbstverständlich einander zu schenken!
Dass ihre Kinder behütet und in Frieden aufwachsen, wünschen sich alle Eltern. Als Babys wurde ihnen in der Taufe Gottes Gegenwart zugesagt und sein Segen zugesprochen. Dieser Zuspruch kann immer wieder spürbar werden, wenn wir Kinder im Alltag segnen.
Vor dem Schlafengehen, nach dem Abendgebet kann es ein lieb gewordener Brauch werden, den Kindern ein Kreuz auf die Stirn zu zeichnen und sie Gottes Schutz anzubefehlen: „Gott segne dich heute Nacht“. Noch heute erinnern sich zahlreiche Erwachsene an diesen elterlichen Segen als etwas ganz Besonderes. Ein Segen auf dem Weg zur Schule oder vor größeren Reisen mag den Kindern versichern: Die Mutter denkt an mich – und Gott auch. Den Eltern wiederum kann der Segen immer neu in Erinnerung rufen: „Ich bin nicht allein mit der Verantwortung für mein Kind.“
Übrigens: auch Erwachsene können einander segnen mit Gesten oder mit einem schlichten „Behüt dich Gott!“.

Iris Ebensperger

Pfingsten

„Wie schön, dass du geboren bist, wir hätten dich sonst sehr vermisst...“. Mit diesem Lied gratulieren wir unseren Geburtstagskindern. An Pfingsten feiern wir die Geburtsstunde der Kirche. Wir danken Gott, dass sie bis heute besteht. Wir hätten sie tatsächlich sehr vermisst, weil sie lebendig hält, wie Jesus uns Menschen liebt (Apostelgeschichte 2,1-11). Nach Jesu Tod waren die Jünger und Jüngerinnen sehr verwirrt. „War alles umsonst?“, fragten sie sich verängstigt.
An Pfingsten wird erzählt, wie Gott den Jüngerinnen und Jüngern die innere Kraft verleiht, mit ihren Gaben die Sache Jesu weiterzuführen (Apostelgeschichte 1,8). Sie werden vom Heiligen Geist bestärkt, sich mit ihren Fähigkeiten um die Menschen zu kümmern. Die Jüngerinnen und Jünger werden beauftragt: „Macht weiter, gebt nicht auf! Alles, wofür Jesus gelebt hat, lebt in euch, in euren Gaben weiter.“ Sie beginnen zu taufen im Namen Gottes, im Namen Jesu Christi und im Namen des Heiligen Geistes. Was bleibt, wenn alles anders wird, ist der Auftrag, im Geiste Jesu mit unseren Fähigkeiten weiterzumachen. Wir erzählen uns, welche vielleicht versteckten Talente in uns schlummern. Wir teilen, wofür wir uns begeistern und freuen uns über das, was wir können.

Johannes Bröckel

„An Pfingsten sind die Geschenke am geringsten"

Das Pfingstfest liegt in der Wachstumszeit der Natur. Pfingstmontag ist ein Feiertag, an dem gern zu Gottesdiensten im Freien eingeladen wird. Pfingstmontag ist Urlaub, hierzulande „deutscher Mühlentag"[18] und mit Ausspannen und Sonne genießen verbunden. Aber was für ein Fest ist Pfingsten eigentlich?
Weihnachten und Ostern lassen sich einfach erklären. Die Geburt des göttlichen Kindes, Jesus Christus, sein Tod und seine Auferweckung. Aber Pfingsten? Geschenke gibt es da nicht, ich jedenfalls kenne keinen solchen Brauch. An Weihnachten beschenken wir uns, an Ostern gibt es bunte Eier oder solche aus Schokolade. An Pfingsten aber sind die Geschenke tatsächlich am geringsten. Es gibt nämlich keine.
Pfingsten ist ein Fest inmitten der Fülle des Jahres. Fünfzig Tage nach Ostern wird es gefeiert. Die Pfingstrosen blühen. Es duftet und sprießt. Die Natur verschenkt sich und Gott schenkt sich uns durch seinen Geist.
In der Apostelgeschichte berichtet die Bibel vom ersten Pfingstfest: Am Pfingsttag geschah ein Brausen vom Himmel und die Apostel, die Gemeindeleiter, wurden vom Geist Gottes erfüllt. Und sie fingen daraufhin an zu predigen. Menschen unterschiedlicher Herkunft kamen dazu und lauschten den Worten der Apostel. Und jeder hörte sie in seiner eigenen Sprache reden.
An Pfingsten bekommen wir nichts in die Hand, was wir nach Hause nehmen können. Keinen Stollen und keinen Osterhasen. Und dennoch werden wir beschenkt. Wir werden zu Gottes zweiter Heimat. Sein Geist des Trostes und der Hoffnung berührt uns und zieht bei uns ein. Sein Geist lässt Menschen, Individuen zu einer Gemeinschaft werden. Einer versteht den anderen und

man ist füreinander da. So einfach ist das eigentlich mit Pfingsten.

Gottes Geist berührt uns und wir öffnen uns füreinander. „Sie verstanden einander, obwohl sie in unterschiedlichen Sprachen redeten“, so heißt es in der Apostelgeschichte.

In Rom im antiken Pantheon gibt es einen feinen Brauch zu Pfingsten. Rosenblütenblätter fallen durch die offene Decke und rieseln leise auf den Boden. Menschen, die dort versammelt sind, heben die Rosenblätter auf. Es werden immer mehr Blätter, es ergeht den Besuchenden wie Kindern, die den ersten Schnee erleben und die Flocken einsammeln. Ein wunderbares Geschehen für die, die dabei sind. Und viele nehmen die Rosenblätter mit, um etwas von diesem sanften Berührtwerden aufzubewahren.

Wie diese Rosenblätter kommt Gottes Geist über uns. Er will öffnen, was verschlossen ist, trösten, was trostlos ist, hervorholen und neugierig machen auf das, was sich zurückgezogen hat.

Gabriele Ehrmann

Geistreich oder geistlos zwischen Himmel und Erde?

Was bleibt uns Irdischen, wenn der Gottessohn zu seinem himmlischen Vater zurückkehrt? Wenn der weg ist, der doch mit seiner ganzen Person die göttliche Liebe verkörpert hat? Es klingt paradox, und doch hat er die Erde verlassen, um ganz und gar bei uns zu sein und weiterhin das zu bewirken, was ihm im Blick auf uns Menschen immer so leidenschaftlich am Herzen lag. Aber nun auf eine andere Weise. Jesus schickt seinen Heiligen

Geist wie Atem, Wind oder Hauch. Eine Kraft, die uns zu beflügeln vermag. Wie Feuerflammen ist er zu den Jüngerinnen und Jüngern gekommen, er brennt auch in uns, er macht die Wege hell.

Der Heilige Geist ist nicht fassbar und niemals ganz mit unserem menschlichen Verstand zu begreifen. Man kann ihn allenfalls umschreiben: als Tröster, Beistand, Geist der Kraft, der Liebe und der Besonnenheit. Als „Fröhlichmacher" hat ein Kind ihn einmal faszinierend schön und treffend bezeichnet.

Er ist unterwegs, um zu begleiten, zu trösten, Recht und Gerechtigkeit durchzusetzen, der Wahrheit aufzuhelfen, die Hoffnung zu stärken und Begegnungen in gegenseitiger Wertschätzung zu ermöglichen.

Der Theologe und Dichter Kurt Marti schreibt: „Der Heilige Geist ist keine Zimmerlinde, vielmehr vergleicht die Schrift ihn mit dem Winde." Über die Zimmerlinde erfahren wir, dass sie sich bis heute als moderne Innenraumbegrünung großer Beliebtheit erfreut. Leicht giftig soll sie sein und trägt bei guter Pflege weiße Blüten. Sie ist empfindlich, wächst schnell und braucht einen wind- und sonnengeschützten Platz. Wäre sie nicht bestens geeignet als Symbol des vorherrschenden Zeitgeistes: ästhetisch, wachstumsorientiert, hochempfindlich, leicht giftig, manchmal Blüten treibend, aber was Zivilcourage betrifft – eher gut geschützt in der Ecke verharrend?

Anders der Heilige Geist: Er weht herein, setzt sich unserer Wirklichkeit schonungslos aus und will sie geistvoll verändern. Er kann müde Gewordene beflügeln. Er weht nur, wo er will. Unbeirrt kämpft er an gegen alles geistlose Gerede, fegt verstaubte Ansichten zur Seite, um den Gedanken der Liebe und der Gerechtigkeit Raum zu verschaffen. Er will anstiften zur Gemeinschaft auch mit Fremden und hält die Sehnsucht nach heilsamer Veränderung wach.

Möge er unseren Alltag mit Kraft, Liebe und Besonnenheit durchwehen! Möge er auch immer wieder ein Quäntchen Heiterkeit hereintragen.

Claudia Krüger

Pfingsten – Geburtstag der Kirche

„Preis, Lob und Dank sei Gott dem Herren, der seiner Menschen Jammer wehrt und sammelt draus zu seinen Ehren sich eine ewge Kirch auf Erd…" (Evangelisches Gesangbuch 245,1).
Wann waren Sie das letzte Mal von Herzen froh, dass es „die Kirche" gibt? Viel Kritik muss die alte Dame ja einstecken, etwa dass sie an ihrer Sprache ersticke, zu fade und zu dick sei. Und ganz viele wissen, wie sie attraktiver werden könne, ja müsse! Viel Lärm um eine, die man sonst wenig beachtet, ja nicht unbedingt braucht. Denn auch religiös sind die Menschen mündig geworden: „Ich habe meine Spiritualität, da brauch ich keine Kirche." Ja, die persönliche Spiritualität, die frei ist und resilient machen soll, ist ein hohes Gut. Aber wenn der eigenen Spiritualität die Luft ausgeht? Auch der innere mystische Weg kann an den Abgrund führen. Die Spiritualität kann angefochten werden – durch Krankheit, einen Verlust, die vielen Ungerechtigkeiten und Leiden weltweit oder einfach nur wegen eines Herbstschauderns an einem herzzerreißend blauen Tag. Ich kann hier nur von mir sprechen: Aber ich bin froh, dass es noch Kirchen als Gebäude gibt, in die ich mich setzen kann. Ein Ort, an dem ich weinen kann und schweigen. Eine Kerze anzünden, weil beten nicht mehr geht.

Caffè
Santo Spirito
10

Kirche heißt: Ich schaffe es nicht allein. Ich brauche Worte, Lieder, Zeichen, die vorangegangene Menschen über Jahrhunderte gejubelt, geseufzt, geflüstert haben, ich brauche ihre Gebete, Gedichte und Geschichten, auch die lästerlichen. Wenn ich kaum noch glauben kann, brauche ich andere, die für mich glauben, ich brauche Rituale und Sakramente als bergende Form, wenn ich zu einem Inhalt nicht mehr fähig bin. Ich brauche Menschen, die mich mitschleppen durch die Wüste der Gottesferne, auch wenn sie das gar nicht wissen. Ich brauche die Kirche. Denn bei aller Kritik, bei allem gelegentlichen Verzweifeln und Zukunftsangst, was aus „der Kirche“ denn werden solle, sind wir als Kirche doch dies: die Gemeinschaft der Lebenden und Toten, die Geschichten, Lieder und Brot teilt. Die Gemeinschaft, die Schuld und Leid mitträgt. Die Schwache und Kranke nicht vergisst, sondern in ihre Mitte nimmt. Die Grenzen und Abgrenzungen überwinden will. Die Gemeinschaft derer, die Gott ersehnen und nicht einverstanden sind mit der Knechtschaft der Kreatur. Und die den fernen Gott auch nah erleben und erleben lassen in Dankbarkeit, Tatkraft, Ausgelassenheit und Lob.
Das ist viel zu idealistisch, utopisch, da gibt es ganz andere Erfahrungen und das hat sich jetzt eine Theologin am Schreibtisch ausgedacht. Stimmt, das habe ich an meinem Schreibtisch so gedacht, aber auch schon anderswo – in einer kleinen Kapelle, am Krankenbett, im Gefängnisgottesdienst, in einem Seminar mit Konfliktberaterinnen, bei einer Salbung im Altenpflegeheim oder in einem ökumenischen Gottesdienst in einer Akademie. Da waren nicht nur gute Menschen, da war Kirche. Und deshalb, aufgrund dieser Erfahrungen, seufze, preise und danke ich: Gottseidank gibt es die Kirche!

Urte Bejick

Gotteshaus

Ich liebe die großen Kathedralen, die dunklen, schweigenden Krypten, die Kreuzgänge und die Wendeltreppen der Türme. Ich suche die Mitte eines Raumes, setze mich und schweige. Zärtlich streichen die Hände über Quader und Rundpfeiler. Das ist Leben von meinem Leben, wir sind eins. Wohl dem, der eine Zuflucht hat, einen Ort, an dem Gott ihn birgt und der Finsternis wehrt. Und doch, ich käme nie auf die Idee, die von mir geliebten alten, mächtigen Kirchen als „Gotteshäuser“ zu bezeichnen. Das klingt, als ob Gott an diesem Ort sei und an einem anderen nicht. Dabei erzählt uns die Bibel in der Geschichte des Jesus von Nazareth, dass Gott „Fleisch wird“, in die Welt „eingeht“. Erzählt von den „lebendigen Steinen“ seines Hauses. Und nicht zuletzt führt Jesu Streit mit den Priestern des Tempels zu Prozess, Kreuzigung und Tod. Nein, mir ist das Zelt als Bild für die Kirche lieber als der Tempel. Und wer nicht begriffen hat, dass ein glatt geschliffener Kiesel im Bergbach, der zarte Ast einer jungen Lärche, der nahe gelegene See, das Kinderbett im Asylantenwohnheim, die Werkbank und das Chemielabor, Kirche, Krankenhaus und Straße Orte sind, an denen Gott wohnt, der hat nichts begriffen von seiner Liebe, vom Glanz und der Weite seiner Herrlichkeit.

Gerhard Engelsberger

Geist-reiche Ideen

Für mich sind es die eher unscheinbaren Begegnungen von Mensch zu Mensch, in denen der Geist und die Liebe Gottes spürbar, begreifbar werden. So wie bei einem älteren Herrn im Pflegeheim, der sich jahrelang in seiner Kirchengemeinde engagierte. Als Dank bekam er unter anderem einen Bluetooth-Lautsprecher mit einem USB-Stick geschenkt. Darauf sind die Kirchenglocken seiner Schöckinger Heimatkirche zu hören aus verschiedenen Positionen: einmal direkt aus dem Glockenturm und einmal von außen vor der Kirche. Was für eine schöne geist-reiche Idee! Eine andere Dame aus dem Betreuten Wohnen zeigte mir ihren schön geschmückten Terrassensitzplatz, auf dem ihr an Demenz erkrankter Ehemann sich so wohl und geborgen fühlt. Die Kraft für die jahrelange Pflege nehme sie aus ihrem Glauben, den sie in der Gemeinschaft mit anderen erfährt. Der Zuspruch ihres Konfirmationsverses ist ihr dabei eine große Hilfe. „Lass dir an meiner Gnade genügen; denn meine Kraft vollendet sich in der Schwachheit" (2. Korinther 12,9). Diese Beispiele machen mir Mut und zeigen, dass der Geist Gottes (immer noch) weht, wo er will.

Michaela Schenk

Fronleichnam

Zehn Tage nach Pfingsten verwandeln sich in katholischen Gegenden Plätze in bezaubernde Blumenteppiche. Geschmückte Prozessionszüge sind auf den Straßen zu bewundern. Weihrauch liegt in der Luft, die Blaskapelle spielt und viele Ministrantinnen und Ministranten säumen den feierlichen Prozessionszug. Wie unter einem goldenen Himmel wird eine geweihte Hostie in der Monstranz, also einem Schaugefäß, unter Gesang und Gebet durch die Straßen getragen und öffentlich gezeigt, quasi „demonstriert". Nicht umsonst gehören diese Worte zusammen: Demonstration und Monstranz gehen beide auf das lateinische Wort „monstrare" zurück und das bedeutet „zeigen". An Fronleichnam wird also etwas gezeigt. Was genau gezeigt wird, das erklärt das Wort „Fronleichnam" selbst, das nämlich von den mittelhochdeutschen Worten „fron" als Bezeichnung für „Herr" und „lichnam" für den Leib kommt. Und genau darum geht es: Nach katholischer Auffassung ist Jesus Christus in der Eucharistie, in der geweihten Hostie gegenwärtig. Er selbst wird im feierlichen Prozessionszug durch die Straßen geführt und gezeigt! Die hohe Bedeutung der Eucharistie mit dem Erleben der Nähe Gottes wird an Fronleichnam gefeiert. Ein wahres Fest für die Sinne!

Stephanie Hecke

Trinitatisfestkreis

Trinitatisfestkreis

Der Trinitatisfestkreis ist der längste der drei großen Festkreise. Er schließt an den Osterfestkreis an, beginnt mit dem Trinitatisfest am Sonntag nach Pfingsten und endet mit dem Ewigkeitssonntag, dem letzten Sonntag vor dem ersten Advent, welcher das Kirchenjahr beschließt. Obwohl diese Zeit im Kirchenjahr die längste ist, beinhaltet sie keine großen Kirchenjahresfeste. Erst gegen Ende der Trinitatiszeit gibt es einige kleinere kirchliche Feste wie das Erntedankfest, den Reformationstag und den Buß- und Bettag. Die vielen Sonntage im dritten Festkreis widmen sich kirchlichen Themen wie etwa der Taufe, dem Abendmahl, der Barmherzigkeit oder Dankbarkeit. Die Sonntage werden alle als „Sonntag nach Trinitatis" gezählt und nummeriert. Wir führen hier im Folgenden nicht alle Sonntage auf, sondern stellen die Sonn- und Festtage der Trinitatiszeit unter die Überschriften: „Willkommen" und „Dankbarkeit".
Die katholische Kirche hat dieser Zeit, die inhaltlich relativ ungebunden ist, konsequenter Weise keine besondere Bezeichnung gegeben. Die evangelische Kirche dagegen bezeichnet sie nach dem ersten Sonntag dieses Zeitraums als „Trinitatis"-Zeit („Dreieinigkeitsfest"). Die ganze Vielfalt Gottes als schaffender Vater, als mitgehender Sohn und als begeisternder Heiliger Geist ist nun offenbar und wirksam. Jetzt braucht es im Alltag und im Wirken der Kirche Zeit, dass Menschen diese Wirkung spüren und an dieser Wirkung Gottes mitarbeiten. Es braucht Zeit zum Wachsen – darum passt es auch gut, dass die liturgische Farbe der Trinitatiszeit die Farbe Grün ist.

Claudia Krüger und Irina Ose

Trinitatisfest – Dreieinigkeitsfest

Am Sonntag nach Pfingsten feiert die Kirche das Dreieinigkeitsfest, lateinisch „Trinitatis". Was wird da gefeiert? Gott ist eine / einer – und zugleich drei. Zugegeben, viele tun sich schwer mit dieser Vorstellung. Ein schönes Bild dafür ist das Kleeblatt, das drei Blätter hat und doch ein einziges Blatt ist. Drei in einem? Gott ist offensichtlich umfassender, als wir denken. Und: Gott ist in sich selbst schon eine Gemeinschaft, ein Beziehungsgeschehen. Wir selbst werden in diese Gemeinschaft mit hineingenommen. Niemand ist hier ausgeschlossen. Gott kann und möchte nicht alleine existieren. Ein Ausdruck dafür ist Gottes Dreieinigkeit und Gottes Geschichte mit uns Menschen.

Bärbel Danner

Willkommen!

Musikalisch stand am Anfang der Gottesdienste am 2. Sonntag nach Trinitatis der Wechselgesang zwischen Priester und Gemeinde aus Psalm 103,8: „Barmherzig und gnädig ist der Herr, geduldig und von großer Güte." Und erinnert wurde dabei an die Einladung, die Gott dem Menschen lebenslang ausspricht: „Komm zu mir!" Dieser Sonntag und auch die folgenden sind eine große Einladung an uns. Grund dafür gibt es ohne Ende: Barmherzig ist der Herr, geduldig und von großer Güte! So wird auch in einem ersten Teil der Trinitatisreihe die Liebe und Menschenfreundlichkeit Gottes gefeiert![1]

Johannes Ehrismann

Du bist anders

wie du aussiehst
wie du riechst
wie du dich gibst
das ist mir fremd

Ich bin anders
was ich denke
was ich sage
was ich wichtig finde
das ist dir fremd

Christus ist anders
wie er uns ansieht
was er über uns denkt
wie er uns begegnet
verändert alles

Das Reich Gottes ist nahe
Der Tisch ist gedeckt
Die Tür ist offen

und Menschen
die anders sind
feiern gemeinsam
und loben Gott
in allen Sprachen[2]

Gottfried Heinzmann

Johannistag, 24. Juni

Das kirchliche Johannisfest hängt sehr eng mit dem alten Sommerwendefest zusammen. Wenn man es ganz genau nimmt, dann befinden wir uns in der Halbzeit zu Weihnachten. Johannes der Täufer ist der Vorläufer von Jesus. Die Kirche hat die Geburt von Johannes auf die Sommersonnenwende gelegt und sechs Monate später, an der Wintersonnwende, wird die Geburt von Jesus gefeiert. Mit dem Johannistag wendet sich das Kirchenjahr. Die Tage werden wieder kürzer bis Weihnachten. Die Veränderungen sind sehr deutlich wahrzunehmen. Nach alter Sitte wird nach dem Johannisfest kein Spargel mehr geerntet. Auch Rhabarber schmeckt nach dem 24. Juni nicht mehr, weil er zusehends verholzt. Die Blüten von dem Johanniskraut haben nun deutlich weniger Heilkraft als vorher. Die Jahreszeit wendet sich. Bisher wurde die ganze Kraft der Natur beim Wachsen sichtbar. Von nun an endet das Wachsen und die ganze Energie der Pflanzen geht in das Reifen der Früchte.
Im Kirchenjahr ist diese Wende im Jahr sozusagen unter die Schirmherrschaft von Johannes dem Täufer gestellt worden. Er fordert uns auf, unserem Leben eine Wende zugeben. Er macht darauf aufmerksam, dass es im Leben nicht nur unbegrenztes Wachsen gibt. Das Leben kennt Wendungen und es gilt, sich sehr aufmerksam darauf zu konzentrieren, was in uns zur segensreichen Frucht heranwachsen wird. Diese besondere Zeit wird mit der Kirchenfarbe „weiß“ sichtbar gemacht. Eine schöne alte Tradition ist das Sammeln von Heu am Johannisfest, das an Weihnachten von den Kindern zur Krippe als Unterlage für das neugeborene Kind gebracht wird.

Johannes Bröckel

Siebenschläfertag, 27. Juni

Die Legende berichtet: Der römische Kaiser Decius kam im 3. Jahrhundert nach Ephesus. Zu seinem feierlichen Empfang wurden Opfer für die römischen Gottheiten angeordnet. Christinnen und Christen, die sich den Opfern widersetzten, wurden verfolgt und getötet.
Sieben jungen Männern gelang die Flucht und sie versteckten sich in einer Höhle. Einen von ihnen schickten sie in die Stadt, um etwas zu Essen zu besorgen, doch er wurde entdeckt. Er konnte zwar fliehen, aber die jungen Männer waren ohne Lebensmittel. Da beteten sie und fielen in Schlaf. Die Schergen des Kaisers aber mauerten die Höhle mit Felsblöcken zu.
200 Jahre später kommt Kaiser Theodosius II. an die Macht, das Christentum ist Staatsreligion. In Ephesus will ein Bauer einen Viehstall bauen und reißt daher Felsbrocken von der Höhle. Als Licht hereindringt, erwachen die sieben Schläfer. Nach 200 Jahren haben sie ordentlich Hunger und schicken einen von ihnen in die

Stadt. Der ist völlig erstaunt, überall Kreuze zu entdecken. Auf dem Markt fällt er auf, als er mit veralteten Münzen aus der Zeit des Decius bezahlen möchte. Er wird verhört und führt den Bischof zu der Höhle. Der wunderbare Schlaf der jungen Männer wird gefeiert und bewundert. Viel Lebensgenuss haben sie allerdings nicht mehr, denn kurz nach ihrer Entdeckung entschlafen sie sanft.
Das Wunder besteht nicht im langen Leben, sondern im Schlaf. Das Schlafen und Träumen hat im Fall der Siebenschläfer einen eigenen Wert. Leben zwischen Tag und Traum.
Es gibt viele Bilder für das Alter, den Lebensherbst, den Lebenswinter, den Sonnenuntergang. Und daneben die neuen Altersbilder vom aktiven, selbstbestimmten Alter. Aber was ist mit der Passivität, die auch zum Leben gehört, mit den Träumen, auch den unerfüllten?
Die blaue Stunde, die zwischen Sonnenuntergang und Dämmerung, eine Traumzeit – auch sie könnte ein Bild fürs Altern sein, besonders bei einer Demenz. Traumzeit – was ist real, was Fantasie? Der Kaiser Decius lebt nicht mehr, aber der in die Stadt ausgesandte junge Mann fürchtet sich. So irren manche alten Menschen durch die Flure des Pflegeheims, auf der Flucht vor einer Vergangenheit, die in ihnen lebendig ist.
Aber es gibt auch dies: Der Baum im Garten wird zum Freund, der die Tage, die man als Kind im Wald verbrachte, lebendig werden lässt. Die Amsel flötet wie in der Kindheit. Der Lehrer, der in der Wahrnehmung der anderen längst verstorben ist, kommt vorbei und gibt einen guten Rat. Die Großmutter tröstet. Tief schlafen zu können, wird zum Genuss. Das Schlummern, das Dösen, wenn einen nur nicht dauernd andere Menschen aktivieren und beschäftigen wollten.
Der lange Schlaf der jungen Männer gilt der Legende als Wunder – eine Lebenszeit, die sie verschlafen und verträumt haben, hat ihre eigene Würde. Die Lebenszeit des Abschieds hat ihren Wert.

Die Lebenszeit der Demenz. Die Lebenszeit der Langsamkeit und des Rückzugs in sich selbst.
Auch so kann Vorbereitung auf das Altern aussehen: Sich einmal den Träumen überlassen. Der Nacht und dem Schlaf vertrauen lernen. Etwas nicht tun müssen. Einmal Passivität pflegen.
Und die Träume? „Was ist bloß aus unseren Träumen geworden?" „Ich konnte nie so leben, wie ich es mir erträumt hatte." Solche Sätze kennen wir. Aber auch die unerfüllten Träume, auch das nicht gelebte Leben sind Teil eines vollen, ganzen Lebens. Das Erwachen der sieben Männer gilt ihren Zeitgenossen als Beweis, dass es eine Auferweckung geben muss. Vielleicht heißt Auferstehung auch dies: dass auch das nicht Gelebte, Ersehnte und Erträumte nicht verloren geht. Dass es erwacht und hervorbricht hinter den Felsen, die es eingemauert haben. Dass etwas auf uns wartet, was bedeutsamer und ganz anders ist als das, was wir für Realität halten.

Urte Bejick

Mariä Heimsuchung, 2. Juli

Der biblische Hintergrund dieses Festes ist das Treffen zwischen Maria und Elisabeth. Die schwangere Maria besucht ihre Verwandte Elisabeth, die ebenfalls schwanger ist, im 6. Monat mit Johannes, später der Täufer genannt. Elisabeth begrüßt Maria mit den Worten: „Gesegnet bis du unter den Frauen und gesegnet ist die Frucht deines Leibes. Wer bin ich, dass die Mutter meines Herrn zu mir kommt?" Die Freude über diese Begegnung springt weiter; es heißt bei Lukas, dass sogar das ungeborene Kind in ihrem Leibe hüpfte.
Und Maria antwortet mit einem Lied, dem Magnificat (Lukas 1,46ff). Darin wird freudig besungen, dass nichts so bleibt, wie es ist, wenn Gott uns begegnet. Wo Gottes Geist zum Wirken kommt, da ändern sich die Machtverhältnisse. Da werden die Armen gesehen und wertgeschätzt; Barmherzigkeit waltet zusammen mit Gerechtigkeit. Mariä Heimsuchung ist ein Fest, das für die Diakonie noch Entwicklungspotential bereithält.

Gabriele Ehrmann

Durchgeschüttelt

es rüttelt mich das leben
unbarmherzig zerrt es an mir
mit den anforderungen des alltags
mit problemen, schicksalsschlägen
ganz durcheinander wirbelt mich
die überfülle manch langer tage
es zerreißen mich entscheidungen
eindrücke stürmen auf mich ein
sprengen fast die volle seele
durchgeschüttelt werde ich
erschöpft und weh das herz
täglich neu vertrauen fällt schwer
und doch, ich weiß: alles ist gut
hoffnungsstur innehaltend gewahre ich
herrlich angeordnete mosaikmuster
wunderbunter regenbogenfarben
mein leben – kaleidoskop
in Gottes hand[3]

Maria Sassin

Taufe

„Fürchte dich nicht, denn ich habe dich erlöst; ich habe dich bei deinem Namen gerufen; du bist mein!" (Jesaja 43,1). Der 6. Sonntag nach Trinitatis steht ganz im Zeichen der Taufe, dem Ja Gottes zu allen seinen Menschen. Weil Gottes Liebe jedem Leben von Anbeginn an ohne Gegenleistung gilt, werden schon

Babys getauft. Immer wieder entscheiden sich jedoch auch junge oder ältere Menschen im Verlauf ihres Lebens zur Taufe. In der Taufe wird uns zugesagt, dass Jesu Sterben und Auferstehung auch uns gilt, ganz persönlich. Daneben wird jeder Mensch durch die Taufe Teil der weltweiten christlichen Gemeinschaft. Viele Kirchengemeinden feiern am Taufsonntag große Tauffeste, manche sogar an einem Fluss. In anderen Gottesdiensten wird an die Taufe erinnert, indem mit Wasser ein Kreuz auf die Stirn oder in die Hand gezeichnet wird. Vielleicht möchten auch Sie sich heute an Ihre Taufe erinnern?

Stephanie Hecke

Tauferinnerung

Martin Luther soll in Not und Anfechtung auf sein Schreibpult geschrieben haben: „Ich bin getauft". Das hat ihm wieder Trost und Mut gegeben. Ich möchte mich heute auch an meine Taufe erinnern. Ich nehme eine Schale mit Wasser und zünde eine Kerze an. Mit dem Wasser male ich mir ein Kreuz auf die Handfläche und sage mir: „Ich bin getauft!" Was macht das mit mir? Wie fühlt sich das Wasser an? Mit der Taufe kommt Licht in mein Leben – Was bedeutet das für mich? Noch schöner ist es natürlich, sich gegenseitig an die Taufe zu erinnern.[4]

Stephanie Hecke

Segen

Jeden Tag neu sollst du wissen:
da ist einer, der mich hält.
jeden Tag neu sollst du wissen:
Da ist einer, der mich versteht.
Jeden Tag neu sollst du wissen:
Da ist einer, der mich tröstet.
Jeden Tag neu sollst du wissen:
Da ist einer, der mich liebt.
Jeden Tag neu sollst du wissen:
Da ist einer, der für mich sorgt.[5]

Verfasser unbekannt

Taufen

„Nein", hat mir ein junger Vater gesagt. „Ich finde das nicht nötig, mein Kind taufen zu lassen. Ich glaube", sagte er, „Gott liebt unser Kind auch so, ohne diese Prozedur in der Kirche." Und ich meine, er hat Recht. Gott braucht keine Formalitäten, auch keine Rituale. Gott liebt die Kinder. Alle Kinder. Als Jesus gesagt hat: „Lasst die Kinder zu mir kommen..., ihnen gehört die Welt Gottes", da waren die Kinder nicht getauft. Für Gott ist die Taufe eines Kindes also vermutlich nicht nötig, Aber vielleicht ja für das Kind? Damit es später weiß, mit welchem Wasser es gewaschen ist?
Viele meinen: In unserer Welt kommen die besonders gut voran, die „mit allen Wassern gewaschen" sind. Dieser Ausdruck kommt aus der Seemannssprache. Jemand, der viel herumgekommen

ist und alle Tricks kennt, ist damit gemeint. Jemand, der raffiniert ist und ein bisschen durchtrieben. Man kann solche Menschen bewundern. Aber vor solchen Leuten wird auch gewarnt. „Sei vorsichtig, der ist mit allen Wassern gewaschen. Der zieht dich schnell über den Tisch." Ob junge Eltern das wollen, dass ihr Kind irgendwann mit allen Wassern gewaschen ist? Mir wäre es ehrlich gesagt lieber, mein Kind wäre mit dem Wasser christlichen Geistes übergossen. Beeinflusst von Jesus. Getauft eben.
„Mit dem Wasser christlichen Geistes" übergossen, so hat der Dichter Wilhelm Wilms beschrieben, was beim Taufen geschieht[6]. Dass die Getauften also nicht raffiniert und durchtrieben nur für ihr eigenes Fortkommen sorgen, sondern dafür, dass es gerecht zugeht in der Welt und auch die Schwachen zu ihrem Recht kommen. Dass die Täuflinge, wenn sie groß sind, nicht mit den Starken paktieren, um voranzukommen, sondern sich barmherzig für die Schwachen einsetzen. Dass sie nicht zu den Starken und besonders Gerissenen gehören wollen, sondern bei denen bleiben, die Hilfe brauchen. Dass sie auf Gott vertrauen, weil er mit seinem Geist bei ihnen ist. Deshalb finde ich es gut und nötig, die Kinder mit dem Wasser christlichen Geistes zu taufen. Und sie im christlichen Geist zu erziehen. Damit unsere Welt menschlich bleibt. Und sie menschlich leben können.[7]

Lucie Panzer

Tag der Maria Magdalena, 22. Juli

Dieser Gedenktag ist seit 1916 der Festtag einer Apostelin. Papst Franziskus hat Maria Magdalena offiziell in den Rang einer Apostelin erhoben. Damit bestätigt er für die Amtskirche, was Jesus schon lange vollzogen hat: Ihr hat er die Botschaft seiner Auferstehung an die Jünger aufgetragen – und sie damit zur Apostelin und Verkündigerin gemacht. In den Schriften des Neuen Testamentes verbinden sich mit ihr verschiedene Frauengestalten: eine Frau, der Jesu sieben Dämonen ausgetrieben hat; eine Frau, die für den Unterhalt der Jünger sorgt; eine Frau, die bei Kreuzigung und Begräbnis Jesu mit dabei war; eine Frau, der Jesus als erster nach der Auferstehung begegnet ist. In der kirchlichen Tradition wurde Maria Magdalena Schutzpatronin der Frauen sowie der Winzer, Weinhändler, Handschuhmacher und Friseure.

Bärbel Danner

Sommerfest der bunten Farben

Friede liebt Vielfalt, liebt Farben. Manchmal gelb und blau, unbändige Sehnsucht. Die Vielfalt der Nationen und der Menschen wird im Sommer in einer Pflegeeinrichtung gefeiert. Farbenfroh geht es zu. Faszinierend leuchtet das lange Gewand der jungen Pflegepraktikantin aus Kamerun. Lächelnd bietet sie den Gästen ein feines Dessert aus Kochbananen an. Sie kommen miteinander ins Erzählen über Familie, Arbeit und Erfahrungen in einer schwäbischen Kleinstadt.

Ungewohnte Düfte durchziehen das Haus: Kreuzkümmel, Curry und Mokka, schwarz und süß. Fröhliche Stimmen mischen sich in einen vielfachen Klang. Ein türkischer Vater lässt es sich nicht nehmen, den ganzen Nachmittag herrliche Speisen anzupreisen. Sein Sohn ist Teamleiter in der Pflege im zweiten Stock. An glitzernder Farbenpracht kaum zu übertreffen ist die philippinische Mitarbeiterin. Sie zeigt zartes Handgefertigtes aus ihrer Heimat und fachsimpelt mit den Frauen vom Handarbeitskreis. Bisweilen schimmern Tränen der Freude und vielleicht auch der Sehnsucht in ihren Augen.
Der vietnamesische Pfleger macht ausschließlich Nachtdienste und bringt stets eine unerschütterliche Freundlichkeit mit ins Zimmer, ganz egal wie oft man klingelt. Heute tanzt er einen Erntetanz unter seinem großen Strohhut. „Und wie der das kann!“, staunt eine Bewohnerin. Rhythmisch wippt das Tanzbein der alten Dame.
Zwei, eine jung, eine alt, sind in ein ernstes Gespräch geraten. Fluchtgeschichten. Srebrenica. Ostpreußen. Sie drücken einander die Hand. Ganz fest.

Pflegekräfte erzählen vom Beiramfest, vom orthodoxen Osterfest, auch von der Kinderbibelwoche, von Bestattungsriten auf Madagaskar und vom Allerheiligenfest in der Slowakei.
Friede ist farben-froh. Nie schwarz-weiß, weil so das Leben nicht ist. Friede liebt die Vielfalt der Religionen, die Gewänder oder Klänge der Mitarbeitenden, ob sie nun aus Litauen, Uganda, dem Kosovo, Griechenland oder dem württembergischen Ditzingen kommen.
Mehr als zwanzig Nationalitäten allein in dieser Einrichtung – unglaublich. Das macht uns auch ein wenig stolz, durchaus. Weil es ja eigentlich klappt mit dem Miteinander, und weil manchmal exotische Stoffe ebenso schön sind wie die Blumenmuster auf der Kittelschürze der schwäbischen Hausfrau. Der Bürgermeister feiert gern und weiß zu berichten, dass in der hiesigen Kleinstadt mehr als 125 Nationalitäten zu Hause sind. Friede liebt Vielfalt, liebt Menschen und bleibt neugierig. Und vielleicht entdecken wir: Hier sind nicht Schwaben oder Türkinnen, nicht Russinnen oder Ukrainer, sondern Erdenbürgerinnen und Erdenbürger, allesamt aus der Liebe des Schöpfers geboren.

Claudia Krüger

Dankbarkeit

„Es ist eine alte Geschichte / Doch bleibt sie immer neu.“ Treffender als mit den Worten Heinrich Heines im „Lyrischen Intermezzo“ ist die lange Geschichte der Menschheit mit dem Hunger nicht zu beschreiben. In alten Geschichten erzählt auch die Bibel von hungrigen Menschen. Und von ihren Erfahrungen mit Gott, der ihren Hunger stillt.

Die Israeliten werden in der Wüste mit Himmelsbrot versorgt und Jesus speist die hungrige Menschenmenge mit fünf Broten und zwei Fischen. In Gottes Gegenwart werden alle satt. Und noch mehr: Jesus sagt von sich selbst, dass er das Brot des Lebens ist. Dass sich in ihm unsere Sehnsucht nach Leben, nach Liebe und Gemeinschaft erfüllt. Gott stillt meinen Hunger und nährt meine Seele. Das gibt mir Kraft und schenkt mir Freude, für andere Menschen einzustehen, die hungrig sind. Hungrig nach einer warmen Mahlzeit und hungrig nach einem freundlichen Blick, einem Wort, das guttut. Möge Gott auch Ihren Lebenshunger stillen – die alten Geschichten bleiben immer neu.

Stephanie Hecke

Mariä Himmelfahrt, 15. August

Das Hochfest Mariä Himmelfahrt, auch großer Frauentag, Maria Würzweih oder Büschelfrauentag genannt, wird in der römisch-katholischen Kirche gefeiert und ist das älteste bekannte Marienfest. Schon seit dem 6. Jahrhundert ist der Glaube an die leibliche Aufnahme Mariens in den Himmel nachgewiesen.
1950 wurden die Inhalte dieses Festes nach einer langen Auseinandersetzung innerhalb der Kirche – da die leibliche Aufnahme Marias in den Himmel nicht biblisch belegt ist, aber eine jahrhundertelange Tradition in der Volksfrömmigkeit hatte – von Papst Pius XII. zum Dogma erklärt. Nach den Barbareien des Zweiten Weltkriegs und der Shoah sollte es ein Zeichen der Hoffnung und der Lebensfreude sein.
Die im Volksmund gebräuchliche Bezeichnung des Festes als Mariä Himmelfahrt ist theologisch betrachtet irreführend, weil dies zum Ausdruck bringt, dass Maria aus eigener Kraft in die Herrlichkeit des Himmels aufgestiegen ist, doch nur Christus steigt aus eigener Kraft zu Gott empor.
Maria dagegen wird in den Himmel von Gott „aufgenommen“. In zahlreichen Pfarreien ist das Hochfest mit dem Brauch der Kräutersegnung verbunden: Die zu Sträußen gebundenen, gesegneten Kräuter und Blumen sollen Böses abwenden und Schutz vor Gefahren bieten. Zahlreiche Wallfahrten finden an diesem Tag statt.

Claudia Krüger

Revolutionäre Maria

Heute ist Mariä Himmelfahrt. Aber nur in „überwiegend“ katholischen Gegenden ist das auch ein arbeitsfreier Feiertag. Denn Maria, die heute gefeiert wird, spielt in der evangelischen Kirche keine so große Rolle.

Wichtig ist sie aber trotzdem. Klar, sie ist schließlich Jesu Mutter. Aber sie hatte auch selbst viel zu sagen. Und sie hat ein wunderschönes Lied gesungen, das in allen evangelischen Kirchen eine wichtige Rolle spielt. Nicht jetzt im Sommer, sondern in der Adventszeit wird es in Gottesdiensten gesungen oder gebetet. „Meine Seele preist den Herrn" sind die ersten Worte dieses Liedes. Maria singt dieses Lied, als sie mit Jesus schwanger ist. Es handelt von Gottes Liebe zu den Armen, den Hungernden, denen, die machtlos und scheinbar weniger wert sind. Maria singt davon, dass Gott genau diese Menschen groß machen wird und die anderen, die Reichen, Mächtigen und Hochmütigen klein machen wird. Das Lied ist leidenschaftlich, wild – sogar revolutionär. Ich mag dieses Lied sehr. Nichts wird da beschönigt und verharmlost. Maria besingt Gott als den, den ich mir oft wünsche. Der den Mächtigen mal zeigt, wo es lang geht. So viel gibt es in der Welt, was nicht so läuft, wie es sollte. Maria hat das zu ihrer Zeit auch so erlebt. Sie hat gehofft, dass Gott diese Welt nicht so lässt, wie sie ist, sondern etwas ändert. Zum Guten. Deshalb hat sie dieses Lied gesungen. Ich hoffe auch, dass Gott die Welt zum Guten verwandelt. Wie Maria singt: „Er stößt die Gewaltigen vom Stuhl und erhebt die Niedrigen. Die Hungrigen füllt er mit Gütern und lässt die Reichen leer ausgehen." Deshalb ist mir Maria wichtig und ich finde gut, dass heute ihr Tag ist.

Jenni Berger

Ein Sonntag, der aus der Reihe fällt

Jedes Jahr im August gibt es einen Sonntag, der aus der Reihe fällt. Es ist der Israelsonntag. Vielleicht haben Sie ihn wahrgenommen, obwohl er im kirchlichen Leben ein Schattendasein führt. Für mich ist dieser Israelsonntag sehr wichtig. Er spricht nämlich ein Thema an, das sonst gern ausgeklammert wird. Er fragt uns danach, wie wir Christinnen und Christen es mit dem Judentum halten.
Wie sein Name sagt, hat er mit Israel zu tun. Damit ist nicht der Staat Israel gemeint, sondern der jüdische Glaube. Der Israelsonntag zeigt uns einen Ausschnitt dessen, was Juden und Jüdinnen glauben. Jedes Jahr versammeln sie sich an einem bestimmten Sommertag in ihren Synagogen und halten Trauergottesdienste ab. Sie erinnern sich daran: Vor langer Zeit hatten wir einen Tempel in Jerusalem. Doch der ist im Jahr 70 n. Chr. von den Römern zerstört worden. Stehen geblieben ist nur eine Mauer, die „Klagemauer".

Uns ist diese Klagemauer vielleicht aus den Nachrichten bekannt als Ort, an dem sich das religiöse Judentum trifft und betet. An diesem Gedenktag an die Tempelzerstörung, an dem viele jüdische Menschen den Weg zur Klagemauer finden, trägt sie ihren Namen zu Recht.
Interessanterweise nimmt unser Israelsonntag diese jüdische Tempeltradition auf. Und zwar seit einigen hundert Jahren schon, jedes Jahr im Sommer, etwa zu der Zeit, in der im Judentum dieser Trauertag stattfindet. Der Gottesdienst erinnert dann an den zerstörten jüdischen Tempel.
Ein Bibeltext erzählt davon, dass Jesus sehr an diesem Tempel hängt. Er sieht dessen Zerstörung voraus, beweint und betrauert sie. Früher war dieser Text oft ein Anlass, gegen die Juden zu predigen. Als wären sie ohne den Tempel verloren oder gar verstoßen. Das hat sich in der Zwischenzeit geändert. Die Prediger schimpfen nicht mehr über das Judentum. Sie zeigen vielmehr, wie Christen und Christinnen sich mit der jüdischen Trauer solidarisieren. Einfach indem sie versuchen, diese Trauer zu verstehen.
So ist dieser eine Sonntag mitten im Sommer mit der Zeit zu einem Tag geworden, an dem Christen lebendig davon reden, dass und wie sie sich in ihrem Glauben mit dem Judentum verbunden wissen. Ich freue mich darüber und erzähle davon, einfach weil dies in unserer Vergangenheit nicht immer so war.

Evelina Volkmann

Tag der Schöpfung, 1. Septemberwoche

Seit dem Jahr 2010 feiert die Arbeitsgemeinschaft Christlicher Kirchen in Deutschland (ACK) jährlich am ersten Freitag im September einen ökumenischen Tag der Schöpfung. Im Mittelpunkt stehen das Lob des Schöpfers, die eigene Umkehr angesichts der Zerstörung der Schöpfung und konkrete Schritte zu ihrem Schutz.

Was ich dir wünsche?

Ich sehe den Baum vor deinem Haus
und wünsche dir nicht, dass du der schönste Baum bist,
der auf dieser Erde steht.
Nicht, dass du jahraus, jahrein,
wie der Dichter sagt,
„leuchtest von bunten Blüten an jedem Zweig".

Aber dass dann und wann
an irgendeinem Ast eine Blüte aufbricht,
dann und wann etwas Schönes gelingt,
dass irgendwann und immer wieder
ein Wort der Liebe dein Herz findet,
das wünsche ich dir.

Ich wünsche dir, dass du dem Himmel nahe bist
und mit der Erde kräftig verbunden,
dass deine Wurzeln Wasser finden
und deine Zweige im Licht sind.

Ich wünsche dir,
dass du Halt findest wie ein Efeu an einem festen Stamm
und die Kraft hast, ein Stamm zu sein
für die, die du tragen sollst.

Ich wünsche dir,
dass du mit allem, was krumm ist an dir,
an einem guten Platz leben darfst
und im Licht des Himmels.

Dass auch, was nicht gedeihen konnte, gelten darf
und auch das Knorrige und das Unfertige
an dir und deinem Werk
in der Gnade Gottes Schutz finden.

Hin und wieder eine Stunde
wünsche ich dir,
in der du den Reichtum erkennst,
der dir gegeben ist.[8]

Jörg Zink

Überraschende Wendungen

Es ist mitten in der Nacht. Ein Mensch geht allein über ein weites Feld. Er denkt nach. Über sein Leben, über schwere Erfahrungen, über Träume und Hoffnungen. Und er fragt sich: Welchen Sinn hat mein Leben? Plötzlich bleibt er stehen. Er legt seinen Kopf in den Nacken und schaut in den klaren Sternenhimmel. Auf einmal wird er von Staunen ergriffen: „Wenn ich sehe die Himmel, deiner Finger Werk, den Mond und die Sterne, die du bereitet hast: Was ist der Mensch, dass du seiner gedenkst, und des Menschen Kind, dass du dich seiner annimmst?“ (Psalm 8) Die von Gott geschaffene Natur ist voller Wunder. Und wie groß ist erst das Staunen über das eigene Leben mit all seinen verschlungenen Pfaden, unverhofften und überraschenden Wendungen. Ja, vieles verläuft anders, als wir es uns vorstellen. Nicht alle Lebensträume gehen in Erfüllung und manche Erfahrung hinterlässt tiefe Narben. Doch in all dem ist das Leben mit Gott eine Einladung, jeden Tag neu zu staunen: Über die Wege, die Gott uns zeigt. Über die Menschen, die Gott uns an die Seite stellt. Und über Gott selbst, der uns Menschen sieht und sich uns liebevoll zuwendet.

Stephanie Hecke

Wann ist die Nacht zu Ende?

Ein jüdischer Weiser fragt seine Schüler: „Wie kann man den Augenblick bestimmen, an dem die Nacht zu Ende ist und der Tag anbricht?“
Der erste Schüler fragt: „Ist es, wenn man in der Ferne einen Feigenbaum von einer Palme unterscheiden kann?“ Der Rabbi antwortete: „Nein, das ist es nicht.“ Der zweite Schüler meint: „Wenn man ein Schaf von einer Ziege unterscheiden kann, dann wechselt die Nacht zum Tag.“ „Auch das ist es nicht“, lautet die Antwort des Weisen. „Aber wann ist dann der Augenblick gekommen?“, fragen die Schüler.
Der Rabbi antwortet: „Wenn du in das Gesicht eines Menschen schaust und darin den Bruder oder die Schwester erkennst, dann ist die Nacht zu Ende, dann bricht der Tag an.“

Quelle unbekannt

Auf dem Weg der Besserung

Ich kenne eine Reihe von Kranken, die sehr schweigsam geworden sind. Sie haben es nicht nur satt, Überflüssiges zu sagen. Sie sind den – nach außen hin – Gesunden voraus. Kranksein schärft alle Sinne. Nach meiner Erfahrung schärft Kranksein vor allem das Ohr. Es sind lange Nächte, in denen man wach liegt. Lange Tage, an denen man wartet. Man weiß nach Wochen der Krankheit schon an den Geräuschen, wie viel Uhr es ist – besinnt sich, lässt Gedanken schweifen.

Das kann auch heilen. In einem sehr tiefen Sinn kann das heilen. Ich habe mich lange dagegen gewehrt und bin auch jetzt noch nicht ganz mit mir einig. Aber ich spüre, dass es wahr ist: Krankheit ist eigentlich kein Fluch. Es ist, als ob du mit Gewalt, manchmal mit Brachialgewalt, aus der Bahn geworfen, aus der Geschäftigkeit gerissen wirst. Nun schau dir das Ganze von außen an. Und du lernst unterscheiden in dieser Wüste, was wichtig ist, was vertan ist.
Lass sie machen. Auch sie werden eines Tages zur Vernunft kommen. Und du, nütze die Zeit. Lass die Hände los, die sich verkrampfen. Lass die Gedanken ruhen, die dich hetzen. Komm zu dir. Du bist krank. Und wenn du das verstanden hast, bist du auf dem Weg zur Besserung.

Gerhard Engelsberger

Hallo, Dame!

Kommt es nur mir so vor, dass die Menschen in Krisenzeiten besonders nett zueinander sind, oder bin ich gerade dann empfänglicher für jedes freundliche Wort? Wie auch immer, ich bin bei meinen täglichen „Runden" mit meinen Walkingstöcken mit verschiedenen Menschen ins Gespräch gekommen, sei es ein betagter Mann, der sich freute, dass nicht nur er mit einem solchen Hilfsmittel unterwegs ist. Wenn wir uns begegnen, nicken wir uns wissend zu. Auch oder gerade Kinder erstaunen mich immer wieder:
Ich höre ein Fahrrad nahen und mache Platz. Ein Junge fährt an mir vorbei, dreht sich um, bedankt sich und wünscht mir

einen guten Tag, ich ihm auch. Irgendwie hat dieser Tag für mich ein besonderes Gewicht.
Ein anderer Tag, die Sonne scheint. Vorsichtshalber habe ich bei meiner Wanderung den großen Sonnenhut aufgesetzt. Plötzlich ruft jemand: „Hallo, Dame!“ Ich kann ja wohl nicht gemeint sein, denn ich betrachte mich nicht als Dame. Ein zweiter Ruf: „Hallo, Dame!“ Nun drehe ich mich doch um. Ein kleiner Junge, in Begleitung seines etwas verlegenen Vaters, strahlt mich an. Ich strahle zurück und sage: „Dame hat mich schon lange niemand genannt. Ich freue mich darüber.“ Der Junge erzählt mir, dass dort drüben das Altenheim sei, und da hinten seien die Schafe auf der Wiese, die er oft besuche und auch füttere. Dieses kleine Gespräch hat mich noch lange beschäftigt.
Ich ruhe mich auch gern nach einem Spaziergang auf einer Bank aus und schaue den friedlich grasenden Schafen zu. Zwei Mädchen kommen daher, beide mit einem Wiesenblumenstrauß in der Hand. Wir lächeln uns zu. „Schöne Sträuße habt ihr gepflückt“, sage ich. Da streckt mir eines der Mädchen seinen Strauß entgegen und will ihn mir schenken. Ich wehre ab. „Den hast du doch für deine Mama gepflückt, ich kann ihn nicht annehmen.“ Das Mädchen beharrt jedoch darauf. Ich bedanke mich herzlich und sage, wie sehr ich mich über den Strauß freue. Die Geste dieses kleinen Mädchens hat mich tief berührt. Ihre Mama kann stolz auf ihre Tochter sein, und ich wünsche mir, sie könnte diese Geschichte lesen. Ich stelle fest, es sind immer wieder die kleinen Dinge im Leben, die uns berühren. Man muss sie nur wahrnehmen!

Dora Vallen

Michaelis, 29. September

Denn er hat seinen Engeln befohlen, dass sie dich behüten auf allen deinen Wegen. (Psalm 91,11)
Engel sind nicht wegzudenken aus unserem Leben. Die geflügelten Boten Gottes begegnen uns in der Kunst, in der Musik und als Figuren auf Friedhöfen. Am Michaelistag wird besonders an den Erzengel Michael gedacht, aber auch an all die anderen Engel, etwa an die Erzengel Gabriel und Raphael. Um den Erzengel Michael ranken sich viele Legenden. Er gilt als Drachenbezwinger und wird oft so dargestellt. Außerdem steht er in der Tradition als positiver Gegenspieler des gefallenen Engels Luzifer. Der 29. September wurde zum Michaelistag erklärt, da dies das Weihedatum der ältesten westlichen Michaelskirche ist, der an der Via Salaria in Rom, was wohl um das Jahr 400 war.
In der Bibel gibt es viele Geschichten von Engeln. Wenn sie die Bühne betreten, dann verkündet Gott durch sie seine frohe Botschaft, wie in der Weihnachtsgeschichte. Engel kommen aber auch als Gesandte Gottes, um Menschen zu begleiten und zu beschützen. Und natürlich kommen die Engel – am liebsten in Heerscharen – um Gott zu loben und von seiner Güte zu singen. Engel haben also vielfältige Aufgaben: Sie sind Wächter, Musiker, Beschützerinnen. Dabei tragen Engel selten weiße Gewänder. Viele haben nicht mal Flügel. Manche sind zivil unterwegs. Sie können wunderbar zuhören, mit anpacken, sind im richtigen Moment am richtigen Ort. Auch wir Menschen können füreinander Engel sein: indem wir einander wahrnehmen, füreinander sorgen, offen sind für Begegnungen. Dann werden plötzlich Engel um uns herum sichtbar.[9]

Stephanie Hecke

Der Engel des Herrn lagert sich um die her, die ihn fürchten. (Psalm 34,8)

Engel haben Hochkonjunktur. Pummelig, niedlich, am besten golden und mit lockigem Haar, so begegnen sie uns. Niedlich. Die biblischen Engel hingegen sind keineswegs niedlich. Sie sind machtvolle Boten, die dem Bösen widerstehen, als Gottes „Heerscharen" treten sie auf: Michael, der mit dem Teufel kämpft, der Engel, der aus dem Gefängnis führt und der Gottesgesandte, der unsichtbar, aber gewaltig vom falschen Weg abbringt.
Auch von Schutzengeln weiß die Bibel zu berichten und von Engeln, die im Traum auf einer Himmelleiter hinauf- und hinabsteigen. Die Engel haben jedoch keine eigene Macht. Sie sind Diener Gottes, die durch ihren Auftrag zu Himmelsboten werden und manchmal auch zeigen, wer Gott eigentlich ist. Deshalb endet ihr Name meistens mit „el": Micha-el, Gabri-el,

Ezechi-el. Heute ist der Tag des Erzengels Michael. Micha-el ist hebräisch und bedeutet: "Wer ist wie Gott?". Schon früh ist er zum Schutzengel avanciert, zum Beispiel auch zum Schutzengel der Deutschen: Der Deutsche Michel hat daher seinen Namen. Und ja, wir brauchen ihn, diesen Engel, gerade in der heutigen Zeit in unserem Land.

Helke Ricker

Engel auf der Walz

Es ist spät geworden. Ein Klingeln an der Pfarrhaustür reißt mich aus meinen Gedanken. „Wer will da jetzt noch was?" Der Blick durch die Butzenscheiben bietet einen seltsamen Anblick: Etwa ein Dutzend junge Menschen, Männer und Frauen in Zimmermannskleidung, stehen in einem Halbkreis auf dem Hof. Ich öffne. Eine Wolke von „Sprit" kommt mir entgegen. „Das kann ja lustig werden!", denke ich.
Da lacht mich ein freundliches Gesicht an und wünscht mir einen guten Abend. Ich soll mal keine Angst haben, sie seien nur vierzehn Handwerker auf der Walz. Vier Wände bräuchten sie und ein Dach über dem Kopf. Und wenn's dann noch ein bisschen warm wär ... Alles andere hätten sie dabei.
Ungewaschene Haare, nicht gerade gut riechende Kleider, verfilzte Dreadlocks, Fahne. „Also, ein Gemeindehaus haben wir schon, aber ich weiß nicht, ob das nicht zu eng ist für vierzehn Leute. Und eine Dusche gibt's da natürlich auch nicht", versuche ich es einmal. Ein Zimmermann tritt aus dem Kreis – „Hendrik Hendrikson aus Jever", reicht er mir die Hand, „Zimmermann".

„Johann Heber, Maurer aus Göttingen“, tritt mir der nächste entgegen. „Ich bin Judith, Obstbauerin aus Kappeln.“ Und so geht es die Runde fort. Und ich fange an, mich wohlzufühlen. Als wir am nächsten Morgen das Frühstück bringen, stehen da vierzehn Paar Wanderstiefel aufgereiht vor der Tür, damit nicht unnötig Dreck hineingetragen wird – und riechen. Es schnarcht friedlich. Wir kommen uns vor wie die Heinzelmännchen. Etwas später gehe ich nochmal rüber. Das Gemeindehaus ist leer. „Schade“, denke ich, „jetzt sind sie einfach gegangen.“ Es ist alles aufgeräumt und sauber, als wäre niemand da gewesen. Ich höre Stimmen. Offensichtlich sind wir aneinander vorbeigelaufen. Als wir uns vor dem Pfarrhaus treffen, fängt einer an, eine Rede zu halten, eine formvollendete Dankesrede. Dann stockt er: „Du bist doch, du bist doch ...– wie sagt man? Pfarrer? Könntest du, also könntest du, damit die Sache rund wird, uns einen Segen geben?“

„Gott segne die Wege, die ihr geht. Möge euch die Straße freundlich entgegenkommen und sich der Weg zu deinen Füßen ebnen. Gott segne das Werk deiner Hände“, schreibe ich in vierzehn Walz-Tagebücher und bekomme am Ende einen Segen für mich und meine Familie. Vierzehn sympathische junge Menschen verschwinden im Nieselregen durch den Pfarrgarten.

„Vergesst die Gastfreundschaft nicht, denn durch sie haben einige, ohne es zu ahnen, schon Engel beherbergt.“ (Hebr.13,2).

Helke Ricker

Es müssen nicht Männer mit Flügeln sein, die Engel

Gottes Kraft wird oft mit Engeln in Verbindung gebracht, weil Engel für eine andere, tiefere Wirklichkeit stehen, die jenseits unserer eigenen Machbarkeitswelt liegt. Kinder einer Kinderkirche haben diese andere, oft tief in uns selbst verborgene Wirklichkeit sichtbar gemacht durch Leucht-Engel.
Wer ist mir in meinem Leben zum Engel geworden? Ich denke an Menschen, die zu meiner Familie gehören, die mir ganz nahestehen. Da schaue ich morgens in den Spiegel und irgendjemand aus der Familie hat ein lachendes Gesicht auf den Spiegel gemalt. Da bringt die Tochter ein gemaltes Herz nach Hause und sagt: „Das ist für dich, Papa." Welche sind die Menschen, die dir ganz nahe sind? Und für die du dankbar bist? Wir nehmen uns einen Moment Zeit – und nennen in der Stille ihre Namen.
Wer ist mir zum Engel geworden? Ich denke an Menschen, die mir widersprochen haben. Die mich kritisiert und gesagt haben: so nicht. Durch deren Herausforderung ich mich weiterentwickeln konnte. Da ist die Frau, die mich in der U-Bahn zurechtgewiesen hat, dass ich gefälligst meine Tasche vom Sitz nehmen soll. Da ist der Kollege, der zu mir sagt: „Ich finde es nicht okay, wie du arbeitest."
Wer hat dich die Grenzen gelehrt? So dass du dich nach anfänglichem Ärger weiterentwickeln konntest? Wir nehmen uns einen Moment Zeit – und denken an sie.
Wer ist mir zum Engel geworden? Ich denke an Freunde, die mit mir gefeiert und gelacht haben. Für solche, die mit mir Schweres geteilt haben und mir beigestanden sind. Ob sie in der Nähe oder Ferne wohnen. Da ist die alte Schulfreundin, die just an dem Abend anruft, an dem ich jemanden zum Reden brauche.

Oder der Kumpel, mit dem es einfach guttut, hin und wieder ein Bier zu trinken. Welche sind die Freunde, für die du dankbar bist? Die dich wunderbar ergänzen? Menschen, die helle Lichtstreifen hinterlassen. Wir nehmen uns einen Moment Zeit – und nennen im Stillen ihre Namen.
Wie habe ich Engel gespürt? Ich denke an allen Schutz und alle Begleitung, alle Bewahrung, die mir widerfahren ist. Beim letzten Arztbesuch wurde der Beginn einer Krankheit rechtzeitig von der Ärztin erkannt, so dass gleich mit der Behandlung begonnen werden konnte. Hätte ich meinen Fahrradhelm nicht aufgehabt, hätte der Sturz schlimm enden können. Wo bist du bewahrt worden? Wo hat Gottes Engel dich mit seinem Schutz umhüllt? Wir nehmen uns einen Moment Zeit – und denken an diese Momente.
Vielleicht merken wir zuletzt mit großer Dankbarkeit: „Es müssen nicht Männer mit Flügeln sein, die Engel". Sie sind da, in vielerlei Gestalt.

Auszüge einer Predigt von Elisabeth Jooß

Ostern im Herbst: Anastasia

„Wie schaffst du das", fragen die Leute, „fünf Kinder, kein Mann und noch die Arbeit auf dem Feld?" Anastasia lacht. Mit ihren großen, rissigen Händen stützt sie sich auf ihre Forke.
Als sie mit siebzehn ihr erstes Kind bekam, schickte ihr Vater sie vom Hof. Das zweite Kind hinterließ ein Frontsoldat. Er kam nie zurück. Die kurze Ehe nach dem Krieg bescherte ihr drei weitere Kinder. Die Krankheit nahm ihr den Mann.
„Wie schaffst du das?", fragen die Leute, „fünf Kinder, kein

Mann und dann noch die Arbeit auf dem Feld?“ Anastasia lacht. Ein warmes, wissendes, zugewandtes Lachen. „Ich weine und bete“, sagt Anastasia, „die Kinder und die Arbeit helfen mir auf.“ Anastasia heißt „Auferstehung“.

Helke Ricker

Winternde Fülle

Wie der Herbstbaum sein Laub
lasse ich fallen,
was mich überfüllt,
mich hetzt und stresst,
lasse mich fallen
in die Hand, die mich hält.
Gewinne so entblättert
unbeschwert weiten Raum,
meine Äste zu strecken
zu neuer Daseinsfülle
und Lichtstrahlen zu spüren
durch kahles Gezweig.
Ziehe mich winternd zurück,
sammle Kraft in den Wurzeln
für stille Träume
und ruhiges Wachsen
ungeachtet aller Winterstürme,
geborgen in der Hand, die mich hält.[10]

Maria Sassin

Erntedank

„Segen und Dank“ steht über diesem Fest! Es macht uns bewusst, wie sehr wir durch Schöpfung, Nahrung, Kleidung und allem, was zum Leben gehört, gesegnet sind. An diesem Tag, und nicht nur an diesem Tag, soll dem Schöpfer, gedankt werden.

Früher waren die Menschen noch unmittelbarer vom Ertrag des Ackers und der Gärten abhängig. Sie waren sich bewusst, wie wichtig gutes Gedeihen und eine ordentliche Ernte sind und dass all das keineswegs selbstverständlich, sondern ein Geschenk Gottes ist. So werden an diesem Festtag Erntegaben als Zeichen des Dankes in die Kirche gebracht und später an Hilfsbedürftige verschenkt.
Gleichzeitig soll daran erinnert werden, wie sehr wir weltweit jenen Menschen verpflichtet sind, die nicht genug zum Leben haben, während wir in den reichen Ländern sogar Lebensmittel vernichten. Wir müssen uns auch fragen, wie wir in Verantwortung vor Gott und den Menschen mit unseren Ressourcen, unserer Lebensmittelproduktion, der Tierhaltung und unserer Umwelt achtsamer umgehen.

Claudia Krüger

Zauberer

„Man sagt, er war ein Zauberer, an Wundern fehlt es nicht. Er ging zu Fuß auf einem See und gab den Blinden Augenlicht. Machte Wein aus klarem Wasser, kannte Tricks mit Fisch und Brot ...“.[11]
War Jesus wirklich ein Zauberer, so wie es in dem Lied heißt? Und war es einer seiner „Tricks“, von dem im Markusevangelium erzählt wird, dass er mit sieben Broten fast 4.000 Menschen satt bekommen hat? Und es sei noch sehr viel übriggeblieben!
Jesus als Zauberer – passt dieser Titel für ihn? Hat Jesus Kaninchen aus dem Hut gezaubert? Eher nicht. Hat er mit einer Hand-

bewegung das tobende Meer beruhigt? Eher ja. Hat er rosa Wölkchen aus einem Stock aufsteigen lassen? Eher nein. Hat er 4000 Menschen mit sieben Broten und ein paar kleinen Fischen sattgekriegt? Eher ja. Hat er anderen Menschen Eier aus den Ohren geholt? Eher nicht. Hat er Menschen, die krank waren, gesund gemacht? Eher schon. Also nun: War Jesus ein Zauberer? Ich muss es zugeben: Für mich ist das Ganze nicht so wirklich entschieden.

Natürlich, wenn man in die klugen, dicken wissenschaftlichen Bücher schaut, dann ist da das große Entsetzen. Nein, natürlich war Jesus kein Zauberer. Nein, er war der Retter, Heiland, was weiß ich für große Sachen, aber bitte kein Zauberer.

Ich bin mir da nicht so sicher – und will auch sagen warum. Wenn Jesus nicht so viele Menschen verzaubert und in seinen Bann gezogen hätte, dann würde heute keiner mehr von ihm reden. Er verzauberte die Menschen mit seinen Geschichten.

Er erzählte von einem Sohn, der nach langer Irrfahrt wieder von seinem Vater in den Arm genommen wird. Und von Kindern, die Gott am nächsten sind. Er erzählte in herrlichen Bildern von Gott als Licht und Kraft und Freude. Ja, er verzauberte die Menschen durch seine Gottesliebe.

Und nicht nur das: Er verzauberte die Menschen auch durch seine Menschenliebe. Er war zu Gast bei Armen und Reichen, er heilte Große und Kleine, holte Zuschauer aus den Bäumen und gab ihnen zu essen. Und mit manchen seiner Zeitgenossen hat er auch ganz gewaltig gestritten. Vor seiner Liebe waren alle gleich, er besuchte sie und lachte und weinte mit ihnen.

Und weil die Menschen sich von Jesus verzaubern ließen, von seiner Gottesliebe und von seiner Menschenliebe, wurden sie von innen heraus verwandelt. Und werden es bis heute. Natürlich nicht so, dass sie Kaninchen aus Hüten holen, aber dass sie anders weiterleben als zuvor: Wenn sie in den herbstlichen

Abendhimmel schauen, fühlen sie sich mit Gott verbunden. Wenn sie die Nachbarin sehen, entdecken sie in den Kummerfalten die Federstriche Gottes.
Ist das nicht zauberhaft? Und nährend für die Seele? Hoffentlich lassen wir uns immer wieder neu verzaubern von diesem wunderbaren Gott – und von innen heraus verwandeln. Simsalabim und Amen!

Elisabeth Jooß

Brot

Für mich hat Brot einen ganz besonderen Stellenwert. Als achtjähriges Mädchen war ich mit meiner Mutter und meinen jüngeren Schwestern, wie so viele Menschen damals, auf der Flucht. Wir kamen irgendwann ins Lager, hatten nichts zu essen, wussten nicht wie überleben.
Da wurde ich von meiner Mutter zum Betteln geschickt, zum Betteln wenigstens um ein Stück Brot oder ein paar Kartoffeln. Ich fürchtete, wir würden verhungern, dabei hatte ich am meisten Angst um meine kleinen Schwestern. Ich habe bei diesen Bettelaktionen selten ein Stück Brot bekommen. Mit Hunden wurde ich weggejagt. Wenn ich mit leeren Händen zurückkam, was häufig der Fall war, bekam ich Schläge – und der Hunger blieb. Nur für meine Schwestern habe ich am nächsten Tag wieder gebettelt. Ich selber wäre damals lieber verhungert, so demütigend und entwürdigend erlebte ich diese Zeit. Meine damaligen Erfahrungen haben mein ganzes weiteres Leben mitgeprägt. Ich habe heute noch große Probleme, wenn ich für mich persönlich

um Hilfe bitten muss. Damals war ein Stück Brot wirklich nötig zum Überleben. Aber längst weiß ich, dass auch Gott dafür gesorgt hat, dass ich überleben konnte.
Ich meine: Unser Herz wird so lange nicht zur Ruhe kommen, unser Hunger nach Leben wird so lange nicht gestillt werden, bis wir Geborgenheit finden im liebenden Herzen Gottes und dann werden wir auch unser irdisches Brot teilen.

Christa Scholz

Reformationstag, 31. Oktober

Liebe ist evangelisch

Es ist die tiefste Aufgabe der Religionen, den Menschen die Angst zu nehmen. Ohne Liebe und ohne Vertrauen machen Menschen in ihrer Angst die größten Dummheiten: Sie fahren bei Rot über die Ampel, sie rasen auf der Autobahn, sie führen Kriege und sie schlagen Kinder. Sie mobben im Betrieb und weinen nachts einsam in ihr Kissen. Das Gegenteil von Liebe ist nicht Hass. Das Gegenteil von Liebe ist Angst.
Die Angst zu versagen;
die Angst zu kurz zu kommen;
die Angst sich falsch zu verhalten;
die Angst nicht anerkannt zu sein;
die Angst ausgelacht zu werden;
die Angst zu enttäuschen;
die Angst enttäuscht zu werden;
die Angst schwächer zu sein;
die Angst krank zu werden;
die Angst zu sterben.
Angst ist der laute Ruf, der Schrei nach Liebe.
Die Reformation buchstabiert es rauf und runter: Ich bin frei von der Angst, ich bin geliebt, ich bin – ohne dass ich etwas Besonderes gemacht hätte – frei. Ganz aus Gnade. Aus der Liebe Gottes. Mein Leben hat einen Sinn, ist ein Puzzlestein im Bild, das Gott sich von seiner Schöpfung macht. Aus diesem Bild kann ich nicht fallen.
Ich würde gerne mit anderen zusammen Kirche so evangelisch gestalten, dass über ihrem Portal der Dreizeiler von Rainer Kunze stehen könnte:

„Treten Sie ein, legen Sie Ihre
Traurigkeit ab, hier
dürfen Sie schweigen.“[12]

Ich würde allenfalls ergänzen beziehungsweise von Tag zu Tag variieren:

„Treten Sie ein, legen Sie Ihre Angst ab, hier dürfen Sie aufrecht gehen.“ – Oder: „Treten Sie ein, legen Sie Ihren Neid ab, hier dürfen Sie schlemmen.“ – Oder: „Treten Sie ein, legen Sie Ihre Wut ab, hier geschieht Ihnen Recht.“ – Oder: „Treten Sie ein, legen Sie Ihre Maßlosigkeit ab, hier kommen Sie ins Lot.“ – Oder: „Treten Sie ein, legen Sie Ihre Kränkungen ab, hier werden Sie geheilt.“

Die Taufe gibt der Angst Fersengeld.

Martin Luther hatte sich lange aus Angst gequält. Dann hat er verstanden: Angst ist kein guter Berater. Angst trennt. Angst macht zu Gegnern. Angst macht klein, dich und mich. Liebe eint. Liebe macht Freunde. Liebe macht frei.

Liebe macht bei aller Schuld vor Gott gerecht.

Liebe macht groß und lässt aufrecht gehen, dich und mich.

Liebe ist evangelisch.

Gerhard Engelsberger

Allerheiligen, 1. November, und Allerseelen, 2. November

Schon früh wurde in der Kirche an Märtyrer, Märtyrerinnen und Heilige gedacht, an Menschen, die ihr Leben für ihren Glauben aufs Spiel gesetzt hatten oder deren Leben sich durch starken Glauben, Wohltätigkeit und Tapferkeit ausgezeichnet hatte. Mit der Zeit nahm die Zahl der Gedenktage so zu, dass Papst Gregor VI. im 9. Jahrhundert den Feiertag „Allerheiligen" zum Gedenken an alle bekannten und unbekannten Heiligen einführte, für die kein eigener Gedenktag vorgesehen war. Allerheiligen ist in vielen Bundesländern offizieller Feiertag. Oft verschmilzt er mit „Allerseelen", dem katholischen Totengedenktag, an dem auch evangelische Christen oder kirchenferne Menschen rote Lichter auf die Gräber stellen.

In der Reformation stand man der Heiligenverehrung kritisch gegenüber. Für Luther waren „Heilige" Menschen wie andere auch – erlösungsbedürftig und zugleich gerechtfertigt allein durch Gottes Gnade. Heute werden „Heilige" auch in der evangelischen Kirche wiederentdeckt – als ganz normale Menschen, in deren Leben aber etwas von Gott sichtbar wurde. Sankt Martin und Sankt Nikolaus werden auch in evangelischen Gemeinden gefeiert, Elisabeth von Thüringen, Franz von Assisi, Dietrich Bonhoeffer und andere können als ökumenische „Heilige" gelten.

Heilig

Er war ein solch freundlicher Mensch,
dass, die ihn gekannt, ihm eine Denksäule setzten.
Er wurde nie heiliggesprochen.

Seine Wunder konnten die Kommissionen nicht überzeugen.
Sie waren derart, dass ein Bettler gerade noch
Geld für ein billiges Brot fand oder ein Bier.
Sah er eine Frau abends traurig allein,
schob er dezent eine Wolke vor den liebesseligen Mond.
Die alte Resi hatte sich sehnlichst eine Kutschfahrt gewünscht.
Er ließ sie im Lotto gewinnen – einen kleinen Betrag –
doch die gab das Geld ihrem lottrigen Enkel
für eine Cabriofahrt mit der Freundin.
An dem Tag regnete es.
Was manche für ein Wunder hielten.

Was ist mir heilig?

Allerheiligen ist ein Gedenktag, eine Gelegenheit um nachzudenken: Was ist mir heilig? Welche Menschen, lebende und verstorbene, auch aus vorherigen Zeiten, haben mein Leben verschönert, bereichert, bewahrt und geprägt? Wem bin ich dankbar? Aus der Resilienzforschung wissen wir, dass Kinder, die unter schwierigen Bedingungen aufwuchsen, dennoch Mut und Widerstandskraft entwickeln konnten, wenn es da einen anderen Menschen gab, dem sie Vertrauen schenken konnten und der sie schützte. Rufen Sie sich solche Menschen ins Gedächtnis. Und danken Sie ihnen.

Warum heißt ein Gebäck „Seele"?

Die schwäbischen Seelen wurden ursprünglich zu Allerseelen am 2. November gebacken. In früheren Jahrhunderten machten sich die Menschen Gedanken, wie es ihren Verstorbenen wohl erging: Waren sie sicher bei Gott oder lebten sie noch in einem Zwischenreich, bereuten dort ihr Leben? Um sie zu stärken, Verbundenheit mit ihnen auszudrücken und um ihren Segen zu bitten, wurden für den Gedenktag kleine Brote, „Seelen", gebacken, zum Grab gebracht oder an Arme verschenkt.

Urte Bejick

Martinstag, 11. November

Wie schmeckt Religion?

Meine nach Hefegebäck und Kakao. Ich bin nicht religiös erzogen worden, aber ich wusste genau, um was es geht, wenn Anfang November unsere Lehrerin sagte: „Ich habe heute Transparentpapier mitgebracht." Klar – jetzt wurden Laternen gebastelt für den Martinszug. Martin war ein Soldat, das wussten wir. Die meisten unserer Väter oder Großväter waren in der Zeit, die „der Krieg" hieß, Soldaten gewesen. Aber anders als von dieser Zeit durfte von Martins Erlebnissen geredet werden!
Martin hatte seinen Mantel mit einem frierenden Bettler geteilt. Und der Bettler war in Wirklichkeit der liebe Gott gewesen. Zur Erinnerung daran zogen wir daher mit Laternen singend durch Nacht und Wind. Im Dunkeln machte sich unser Zug auf den Weg, begleitet von Eltern und Lehrerin. Einen vorausreitenden Ritter gab es in den 60er Jahren noch nicht. Wir genügten uns selbst mit oft windschief geklebten Laternen. Einige gekaufte gab es auch schon – lachende Sonnen und Monde.
Singen hilft gegen die Kälte. Lichter helfen gegen die Dunkelheit,

wenn wir nur zusammen gehen! Das lehrte der Martinszug. Ein Höhepunkt war, wenn eine oder mehrere Laternen in Flammen aufgingen und unter Geschrei von den Erwachsenen gelöscht wurden. „Mein Vater hat das mit bloßer Hand gemacht!" „Aber meiner hat gleich zwei gelöscht!" So war die Welt wieder in Ordnung.
Aus Kälte und Finsternis kommend erwarteten uns dann im Schulhof Frauen mit großen Weidenkörben, aus denen Hefemännchen verteilt wurden. Und das Fest näherte sich dem zweiten Höhepunkt: Daheim am Küchentisch – „noch auf" zu späterer Stunde wie eine Erwachsene – wurde das Hefemännchen mit einem Becher Kakao verzehrt. Das war so köstlich! So tröstlich! Eine kleine Beheimatung mitten im Dunkeln.
Religion – das ist Licht und Gesang im Dunkeln. Das ist ein gemeinsamer Weg. Das ist Mitgefühl. Das ist Verbundenheit mit dem Kosmos aus Sonne, Mond und Sternen. Das habe ich vom Martinszug gelernt. Und sie schmeckt unnachahmlich.

Urte Bejick

Buß- und Bettag

Was der Reformationstag für die Kirche bedeutet, das ist der Buß- und Bettag für den Einzelnen und die Gesellschaft. Er lädt zur Selbstbesinnung, zur Umkehr und zum Gebet ein. 1995 wurde der Buß- und Bettag in Deutschland – außer im Bundesland Sachsen – als gesetzlicher Feiertag abgeschafft. In den Kirchen hat dieser Tag zur Besinnung, zum Innehalten, zur Neuausrichtung und für das Gebet trotzdem nach wie vor eine hohe Bedeutung. In zahlreichen Gemeinden finden am Abend des Tags Andachten oder Gottesdienste statt.[13]

Ina Hochreuther

Von Scheitern und Neuanfängen

„Immer schön nach vorne laufen", ruft mir mein Trainer zu, als ich schon sichtbar ermüdet in die letzte 800-Meter Runde einlaufe. Also: Knie anziehen, Blick nach vorne, Ziel fokussieren. Und tatsächlich, es funktioniert. Das Ziel kommt mit jedem Schritt näher und die neue Kraft belebt und motiviert. „Prima, schöner Rhythmus!" Der Zuruf begleitet mich auf den letzten Metern bis zur Ziellinie. Ich war sicher nicht die Schnellste, aber habe mein Tempo gefunden und mein Ziel erreicht.
Und geht es im Großen und Ganzen nicht genau darum? Den eigenen Rhythmus im Leben zu finden. Die eigenen Entscheidungen zu treffen, eigene Ziele zu setzen, auch wenn andere ganz anders entscheiden. Ziele prägen wohl unser aller Leben. Wer sich Ziele setzt, wird jedoch immer wieder erleben, dass

diese nicht erreicht werden. „Scheitern“ nennt man das dann oft. Ein sehr unangenehmes Wort und ein noch unangenehmeres Erleben. Erfahrungen von Scheitern sind schmerzhaft und schambesetzt, sie machen klein.

Beeindruckt hat mich eine ganz andere Sicht auf das Scheitern von Josephine Teske, einer Pastorin aus Norddeutschland, die Mitglied im Rat der Evangelischen Kirche Deutschlands ist: „Scheitern ist für mich die Möglichkeit, anders zu werden, als ich es mir vorgestellt habe.“ Wie befreiend. Ein unerreichtes Ziel nicht als Versagen zu deuten, sondern als Chance, als Möglichkeit zur Veränderung. Und die beginnt meist im eigenen Herzen, im eigenen Kopf.

Wie gut, dass uns Gott nicht als fertige Wesen geschaffen hat. Sondern als Geschöpfe, die ihre Meinung ändern können, neue Wege betreten können und das Leben in Vielstimmigkeit gestalten können. Ich wünsche Ihnen, dass Sie in allen Zielsetzungen, Verirrungen, Umbrüchen und Neuanfängen das tiefe Gefühl in sich tragen, dass Gott es ist, der die Veränderungen im Leben mitträgt, begleitet, bejaht und jede Version von Ihnen kennt und liebt – gestern, heute und morgen.

Stephanie Hecke

Letzter Sonntag im Kirchenjahr, Ewigkeitssonntag

Am Totensonntag oder Ewigkeitssonntag wird in den Gottesdiensten der Verstorbenen gedacht. Ihre Namen werden verlesen und man zündet Kerzen an. Der Name eines Menschen ist mit seiner Persönlichkeit verbunden. Das Nennen des Namens gibt diesem Menschen Raum und zeigt die Leerstelle, die er hinterlassen hat.
Das Kirchenjahr bietet den Deutungshorizont. Es beginnt mit der Geburt Jesu Christi und endet mit dem Gedenken an die Verstorbenen. Durch seine ewige Fortsetzung steht der Tod im Lichte der biblischen Auferstehungsbotschaft: Nach dem Ende des Lebens kommt ein neuer Anfang – der Advent. Uns Menschen ist Anteil an der Ewigkeit versprochen. Dieser Trost wird im Gottesdienst in den Kerzen sichtbar: Sie stehen für die ewige Gegenwart des auferstandenen Christus!

Irina Ose

Der Trauer Raum geben

Der Trauer Raum geben heißt:
Gewohntes verlieren
Wut und Ohnmacht aushalten
Vertrautes, Geliebtes, Ersehntes loslassen müssen
unbekannte Wege einschlagen
gehen müssen
Gott nicht finden

Der Trauer Raum geben heißt:
eine Brücke über die Tiefe suchen
die Enge verlassen wollen,
Weite ersehnen
wieder Farben im Leben entdecken
Licht und Wärme spüren
trotzdem glauben
verwandelt leben
Trost finden

Götz Kanzleiter

Viele Wohnungen

„Zeig mir deine Wohnung und ich sag dir, wer du bist." Ganz oft passt dieser Spruch. Wie eine Wohnung eingerichtet ist, das sagt viel über ihre Bewohner aus. Wohnt da jemand, der gern liest, wohnt da eine Person, die Tiere mag oder wohnt da ein sehr ordentlicher Mensch? Davon sieht man eine ganze Menge, wenn man eine Wohnung betritt.

Wenn ich an die Menschen denke, die ich geliebt habe und die jetzt nicht mehr da sind, weil sie gestorben sind, dann denke ich oft zuerst an etwas aus ihrer Wohnung. Ich sehe ihr schönes Geschirr, erinnere mich an den Geruch im Flur, höre den Klang des Klaviers im Wohnzimmer. Jeder Gegenstand in der Wohnung erinnert mich an schöne Geschichten, die ich mit ihnen erlebt habe.

Jesus hat mal den Himmel verglichen mit einem riesengroßen Haus, mit ganz vielen verschiedenen Wohnungen. Bevor er gestorben ist, hat er zu seinen Freunden gesagt: „Im Haus meines Vaters im Himmel – also im Haus Gottes – da gibt es viele Wohnungen." Er meint damit, dass es Platz im Himmel hat, und er sagt weiter, dass er dorthin vorausgehen und den Platz für sie vorbereiten wird. Er richtet sozusagen die Wohnungen schon für sie ein, damit alles bereit ist, wenn sie kommen.

Ich mag dieses Bild und stelle mir vor, wie die verstorbenen Menschen, die ich liebe, schon im Himmel wohnen. Wie ihre Wohnungen dort aussehen könnten. Wie es aussehen müsste, damit sie sich auch wohlfühlen. Jedenfalls glaube ich fest daran, dass sie es dort schön haben an dem Ort, den Jesus für sie vorbereitet hat. Das tröstet mich, wenn mir die Wohnungen und ihre Bewohner hier auf der Erde fehlen.

Jenni Berger

Sterben lernen

„Vor meinem eignen Tod ist mir nicht bang, nur vor dem Tode derer, die mir nah sind.“ So heißt es in einem Gedicht von Mascha Kaléko. Am Ende schreibt sie: „Bedenkt: den eignen Tod, den stirbt man nur, doch mit dem Tod der andern muss man leben“.

Das stimmt. Der Tod eines geliebten Menschen reißt eine riesige Lücke. Es kann unglaublich schwer sein, danach wieder das eigene Leben aufzunehmen. In den Alltag zu finden mit seinen Höhen und Tiefen. Am Anfang scheint die Welt stehen zu bleiben und alles schwarz zu sein.

Es stimmt aber auch, dass das eigene Sterben bang machen kann. „Sie haben nicht mehr lange zu leben.“ Wer das hören muss, fürchtet sich vor dem, was kommt. Wie es mit der Krankheit, mit den Schmerzen, mit der eigenen Familie weitergehen wird. Es ist schwer, darüber mit anderen zu sprechen. Keiner will ja die anderen noch mehr belasten. Und doch ist es not-

wendig, über den eigenen Tod zu reden. Über Ängste und Sorgen, aber auch über praktische Dinge wie die Beerdigung, das Testament und was alles so zu organisieren ist.
Zu Martin Luthers Zeiten sind Menschen viel jünger gestorben. Der Tod war noch alltäglicher als bei uns. Luther selbst hat deshalb ein kleines Büchlein geschrieben. Wie man sich richtig aufs Sterben vorbereitet. Für Luther ist klar, dass es nach dem Leben hier auf Erden dort bei Gott weitergeht. Deshalb ist der Tod nicht nur etwas Schlimmes. Und Sterben will vorbereitet werden.
Ich glaube, dass es mir hilft, wenn ich mit meiner Familie darüber spreche. Darüber, wer was bekommt. Aber auch, wie ich mir vorstelle, was wohl danach kommt. Dann ist die Angst nicht weg. Aber sie hat nicht das letzte Wort. Luther sagt das so: „Man muss sich beim Sterben der Angst entschlagen und wissen, dass nachher ein großer Raum und Freude da sein wird."

Jenni Berger

Woran glaubst du?

Diese Frage macht mich meistens etwas unbehaglich. Ich könnte es mir einfach machen und das Glaubensbekenntnis sprechen. Viel lieber würde ich gefragt werden: „Worauf hoffst du?"
Worauf hoffst du? Diese Frage beantwortet Johannes von Patmos mit dem Bild einer heiligen Stadt, dem neuen Jerusalem, gebaut aus funkelnden Edelsteinen, und Gott ist ganz nah bei den Menschen. Dann heißt es: „Gott wird abwischen alle Tränen von ihren Augen, und der Tod wird nicht mehr sein, noch Leid noch

Geschrei noch Schmerz wird mehr sein" (Offenbarung 21,4).
Das ist das Wunderbare: Es geht nicht um die Edelsteine. Um Pracht. Um all den himmlischen Glanz. Es geht um das, was in dieser Stadt gilt, was ihr Wesen ausmacht: Großer Frieden. Gerechtigkeit. Keine Bedrückung. Wohnung Gottes bei den Menschen. Kein Tod. Kein Leid. Kein Schmerz.
Wie sehr kann ich diese Hoffnung verstehen. Wenn ich Nachrichten sehe, dann wird immer öfter klar: Diese Welt braucht eine Rundum-Erneuerung. So viel Krieg. So viel Leid. So viel Missgunst, so viel Eigennutz, so viel Hass und Hetze. Oft mag ich den Fernseher gar nicht einschalten. „Du elende Welt, über die alle Wetter gehen, die keinen Trost findet" (Jesaja 54,11). Prophetische Worte, die wahr sind, die nie nicht wahr waren.
Worauf hoffst du? Ich hoffe auf diese Stadt, auf die Jesaja und Johannes und Generationen nach ihnen hofften. Ich hoffe auf Gottes großen Frieden, der kein fauler Kompromiss ist, der nicht gebrochen werden kann, der fest steht wie die große Tiefe. Ich hoffe auf Gerechtigkeit, auf einen Ort, an dem niemand wegen Hautfarbe, vermeintlicher Herkunft, Religion und wegen aller anderen möglichen und unmöglichen Gründe benachteiligt wird. Auf die Gerechtigkeit Gottes, die die Armen reich beschenkt und die Reichen leer ausgehen lässt, die die Mächtigen vom Thron stößt und die Geringgeschätzten mit Macht beschenkt. Ich hoffe auf einen Gott, der bei den Menschen wohnt und seine Wohnung vom Himmel auf die Erde verlegt.
Ich hoffe auf eine Welt, in der die Grenze zwischen Himmel und Erde nicht mehr existiert, weil Gott mitten unter den Menschen umhergeht und sie seine Gegenwart und seine Geistkraft aus nächster Nähe erleben.
Ich hoffe auf eine Welt, die keinen Tod, keinen endgültigen Abschied mehr kennt. An deren Anfang Gott alle meine Tränen abwischt, die ich in dieser Welt vergossen habe und vergießen

werde. Ich hoffe auf eine Welt, in der Menschen sich gegenseitig keinen Schmerz mehr zufügen, in der Schmerz nicht einmal mehr als Erinnerung existiert.
Ich hoffe auf meinen Gott, der verspricht: „Siehe, ich mache alles neu!“ Ich hoffe auf meinen Gott, der sagt: „In der Welt habt ihr Angst – aber seid getröstet, denn ich habe die Welt überwunden.“

Marilisa Sonnabend

Garten der Namen

Ich gehe nur selten auf den Friedhof. Doch wenn die Blätter fallen und die Tage gar nicht aus dem Dämmerlicht herauskommen, dann zieht es auch mich zu den Gräbern. An einem Novembertag schlendere ich langsam durch die Reihen. Zwischen schlichten Standardsteinen entdecke ich auch hübsche Details. Ein Holzkreuz. Einen anrührenden Engel. Eine bemooste Marmorsäule.
Ich lese die vielen Namen und Daten und reime mir die Schicksale dahinter zusammen. In meiner Fantasie blättern sich Lebensgeschichten auf: Ein alter Kapitän, der sich ein Segelschiff in

den Stein meißeln ließ. Der junge Mann, Jahrgang 1925: „Vermisst im Osten“ statt eines Todesdatums. Die Frau, deren Kinder ihr ein Foto auf das Grab stellten. „Für Irene“.
Ein Friedhof bleibt ein Ort der Namen, auch wenn die goldgefassten Buchstaben verwittern. Und er ist ein stiller Garten in der Großstadt, der an Blühen und Verwelken, Werden und Vergehen erinnert. So schließt sich der Kreis: Ein Garten stand am Anfang der Menschheit – der Garten Eden, das Paradies. In dieses Paradies, so die Botschaft unserer Friedhöfe, werden wir am Ende wieder hineingehen.[14]

Thomas Kärst

Am Ende der Zeit

Wenn der Krieg beendet ist
am Ende der Zeit

gehen wir wieder spazieren
in der Muschelallee
einverstanden
mit Mensch und Mensch

Es wird schön sein
wenn es sein wird

am Ende der Zeit[15]

Rose Ausländer

Anhang

Fotos

Alle Fotos von Dieter Skubski außer auf den Seiten: 3 Julian Rettig; 18 flowerino-iStock; 25 Anna-Lena Mlynar; 33 eva/Christoph Schmidt; 37 Kira Klemenz; 39 Inge Nold; 42 Monika Johna; 45 Brot für die Welt; 48 Beate Ellenberger; 56 Urte Bejick; 94 & 118, Archiv Verlagsservice Friedrich; 125 Claudia Krüger; 136 Archiv Verlag; 143 Julian Kanz, Archiv Verlagsservice Friedrich; 170 unsplash/Wesual Click; 172 Archiv Verlagsservice Friedrich; 176 Lilechka75-iStock; 187 Gert Wiedmaier.

Dank

Dank an alle Autorinnen und Autoren, die uns ihre Texte zur Verfügung gestellt beziehungsweise extra für dieses Buch verfasst haben, auch denjenigen, deren Texte wir aus Platzgründen dann leider hier doch nicht mit aufnehmen konnten. Danke für die Bereitschaft, dass wir einige dieser Texte auf der Homepage www.seelsorge-im-alter.de einstellen dürfen.

Dr. Urte Bejick, Jenni Berger, Johannes Bröckel, Dr. Wilhelm Bruners, Bärbel Danner, Antje Doms, Iris Ebensperger, Astrid Edel, Johannes Ehrismann, Gabriele Ehrmann, Beate Ellenberger, Gerhard Engelsberger, Lena Fritz-Hopfe, Gudrun Geiger, Ann-Kathrin Hartter, Stephanie Hecke, Gottfried Heinzman, Dr. Elisabeth Jooß, Stefan Jooß, Jens Junginger, Götz Kanzleiter, Thomas Koser-Fischer, Martin Löw, Dr. Thomas Mäule, Barbara Neudeck, Irina Ose, Lucie Panzer, Sven Quittkat, Helke Ricker, Dieter Saltuari, Maria Sassin, Michaela Schenk, Christa Scholz, Dr. Gudrun Silberzahn-Jandt, Marilisa Sonnabend, Dora Vallen, Dr. Evelina Volkman.

Anmerkungen

Weihnachtsfestkreis

[1] Der Text ist angelehnt an die eva-Weihnachtskarte 2021 (eva: Evangelische Gesellschaft Stuttgart e.V.).

[2] Zitat aus den „Erzählungen der Chassidim“ von Martin Buber.

[3] © Maria Sassin

[4] Der Text ist angelehnt an „Welche Bedeutung hat Silvester?“ auf der Homepage der Evangelisch-Lutherischen Kirche Norddeutschland (www.nordkirche.de).

[5] Zitiert nach Ursula Schauber (Hg.): Den Stern lob ich, der aus der Reihe tanzt. Advent und Weihnachten. Ostfildern 2005, S. 12.

[6] Text angelehnt an den entsprechenden Tag in www.kirchenjahr-evangelisch.de.

Osterfestkreis

[1] Zitat von Roland de Pury (1907-1979), ein Schweizer protestantischer Pfarrer, der sich sein Leben lang für Menschenrechte einsetzte.

[2] Titel eines Buches von Inger Hermann: „Halt's Maul, jetzt kommt der Segen …“. Kinder auf der Schattenseite des Lebens fragen nach Gott. Stuttgart, 7. Auflage, 2004.

[3] Ähnlich veröffentlicht in Helke Ricker: Sinne schärfen. Sinn finden. Sinn stiften. Profilbildung in diakonischen Einrichtungen. Stuttgart 2019, 79ff.

[4] © Maria Sassin

[5] Text ist angelehnt an den zu Lätare in www.kirchenjahr-evangelisch.de.

[6] „Kyrie eleison“ („Herr, erbarme dich!“) ist der Anfang einer kurzen, in der Regel dreigliedrigen Litanei. Der Ruf stammt aus der griechischen Liturgie der Ostkirche und wurde um 500 ohne Übersetzung in die römische und danach in andere westliche Liturgien übernommen.

[7] Text aus Lucie Panzer: Geländergeschichten: Für Halt und Haltung im Leben. Evangelischer Verlag Stuttgart 2021.

[8] © buch + musik ejw-service gmbh, Stuttgart

[9] Text ist angelehnt an den zu Quasimodogeniti in www.kirchenjahr-evangelisch.de.

[10] Bezieht sich hier inhaltlich auf eine Episode aus: „Oskar und die Dame in Rosa“ von Éric-Emmanuel Schmitt, Zürich 2003.

[11] Sabine Naegeli: Die Nacht ist voller Sterne. © 2020 Verlag Herder GmbH, Freiburg i. Br.

[12] Als Antiphon wird heute meist der den Psalm begleitende Kehrvers verstanden, der vor und nach dem Psalm, gelegentlich auch nach jeder Strophe von allen gemeinsam angestimmt wird.

[13] Text nach „Rogate" in: Heiko Bräuning: Reich, reicher, himmelreich. Das Sonntag-Andachtsbuch. Haiterbach-Beihingen, cap-books 2020, S. 93.

[14] Thérèse von Lisieux, 1873 – 1897, Ordensfrau, Kirchenlehrerin

[15] Übung von Klaus Vopel, beschrieben in Zamyat M. Klein: Kreative Seminarmethoden. 100 kreative Methoden für erfolgreiche Seminare. Offenbach 2003, 188f.

[16] Ähnlich veröffentlicht in: Helke Ricker: Sinne schärfen. Sinn finden. Sinn stiften, Profilbildung in diakonischen Einrichtungen, Stuttgart, 2019, 170f.

[17] Text nach www.kirchenjahr-evangelisch.de.

[18] Der Deutsche Mühlentag findet jährlich am Pfingstmontag statt. An diesem Tag soll den Menschen die Bedeutsamkeit des in Vergessenheit geratenen Handwerks der Müller bewusst gemacht werden.

Trinitatisfestkreis

[1] Text nach Heiko Bräuning: Reich, reicher, himmelreich: Das Sonntag-Andachtsbuch. Haiterbach-Beihingen, cap-books 2020, S. 186.

[2] © buch + musik ejw-service gmbh, Stuttgart

[3] © Maria Sassin

[4] Der Text ist angelehnt an den entsprechenden Tag in www.kirchenjahr-evangelisch.de.

[5] Verfasser unbekannt, vgl. Diakonisches Werk Württemberg (Hg.): Mein MutMachBuch. Stuttgart 2015, S. 113.

[6] In Wilhelm Willms: Beten durch die Schallmauer. Impulse und Texte. Hrsg. von der Bundesleitung der Katholischen Jungen Gemeinde. Düsseldorf 1992, S. 69f.

[7] Text aus Lucie Panzer: Geländergeschichten: Für Halt und Haltung im Leben. Evangelischer Verlag Stuttgart 2021.

[8] Aus: Jörg Zink: Ich werde gerne alt – Wünsche für die goldenen Jahre. © Herder Verlag, Freiburg i. Br. 2022, S. 75, 86, 89, 90.

[9] Text ist angelehnt an: Stephan Cezanne: Was wir feiern. Christliche Feiertage und ihre Bedeutung. Edition Chrismon, S. 104f. / Gottes Wort hören und bewahren. Einführungen in die Sonn- und Feiertage im Kirchenjahr. Hrsg. im Namen der Liturgischen Konferenz in der EKD von Stephan Goldschmidt, Michael Mayer-Blanck, Frank Peters, S. 252 - 254.

[10] © Maria Sassin

[11] Zitat aus dem Lied „Der Gammler“ (The Outlaw), Texte und Musik von Larry Norman, deutsch von Andreas Malessa.

[12] Zitiert nach Reiner Kunze: Sensible Wege und frühe Gedichte. Frankfurt a. M. 1969, S. 105.

[13] Der Text ist angelehnt an den entsprechenden Tag in www.kirchenjahr-evangelisch.de.

[14] Aus: „Vom Anfang im Ende. Ein Trostbuch für Tage in Moll“, Verein Andere Zeiten e.V., www.anderezeiten.de

[15] Aus: Rose Ausländer: Hügel aus Äther unwiderruflich. Gedichte und Prosa 1966-1975. S. Fischer Verlag, Frankfurt a. M. 1984, S. 237.